Entre a DOR e a PROMESSA

novo fôlego para
casamentos destruídos

Preparo de originais:	***Diagramação:***
Gabrielle Antunes	*Cintia Rodrigues*
Revisão:	***Capa:***
Lilian Ferraz	*Ygor Moretti*

A editora não se responsabiliza pelo conteúdo da obra, formulada exclusivamente pelo(s) autor(es). A editora não se responsabiliza pela manutenção, atualização e idioma dos sites referidos pelos autores nesta obra. 1a Edição, 2019 — Edição revisada conforme o Acordo Ortográfico da Língua Portuguesa de 2009. Publique seu livro com a Ases da Literatura. Para mais informações envie um e-mail para originais@asesdaliteratura.com.br.
Suporte técnico: A obra é comercializada da forma em que está, sem direito a suporte técnico ou orientação pessoal/exclusiva ao leitor.

Catalogação na publicação
Elaborada por Bibliotecária Janaina Ramos – CRB-8/9166

B979e

Buske, Victória

Entre a dor e a promessa: novo fôlego para casamentos destruídos / Victória Buske. – Rio de Janeiro: Ases da Literatura, 2024.

100 p.; 14 X 21 cm

ISBN 978-65-85757-29-4

1. Autoajuda. I. Buske, Victória. II. Título.

CDD 158.1

Índice para catálogo sistemático
I. Autoajuda

Para comprar os livros com maior desconto possível, visite nosso site e acesse o catálogo – www.asesdaliteratura.com
Instagram - @editoraasesdaliteratura e @editoraasinha

VICTÓRIA BUSKE

Entre a DOR e a PROMESSA

novo fôlego para
casamentos destruídos

AGRADECIMENTOS

Agradeço às pessoas que tornaram possível a realização deste livro: À minha mãe, que desde a minha infância nutriu minha paixão pela leitura, presenteando-me com livros. Ao meu pai, por semear em meu coração o desejo de escrever. À minha avó, cuja fé inabalável em mim foram como bálsamos em minha jornada. Ao meu marido, que acreditou em meu sonho e me motivou a persistir. Ao meu primo Misael, pela confiança e apoio nesta carreira.

E, acima de tudo, agradeço a Deus, cuja presença e orientação foram a essência de cada página deste livro.

Sem cada um de vocês, este livro não seria possível. Agradeço por seu amor, apoio e fé inabaláveis. Que possamos compartilhar juntos a alegria e as bênçãos que este livro trará.

Com amor,
Victória Buske

SUMÁRIO

Capítulo 4

Capítulo 5

INTRODUÇÃO

Nós desistimos de relacionamentos pelo mesmo motivo pelo qual muitas pessoas se suicidam ou pedem eutanásia, por não aguentar mais a dor; a dor que foi se intensificando a cada ofensa, a cada negligência, a cada ato agressivo e, principalmente, a cada ausência. É aquele momento que pensamos ter como únicas opções matar ou morrer, mas neste caso, quando matamos também morremos.

Mesmo que o amor pareça algo externo a você, quase como um apetrecho emocional, ele também é você. Não é possível apenas jogá-lo fora e, talvez, esse seja o único motivo pelo qual muitas pessoas não desistem de seus casamentos. Mas, neste livro, eu quero te dar mais do que motivos, quero de te falar de propósitos e te ensinar uma forma de caminhar para conquistar uma mudança real e profunda.

Sempre que acontece uma grande guerra, diversos soldados morrem. Em algumas situações, a guerra acontece em lugares que não são habitados e quando ela cessa, os corpos ficam todos lá, da forma como caíram, abandonados. Após algum tempo, o corpo se deteriora, sobrando apenas os ossos secos.

Em seu casamento talvez não seja diferente. Vocês podem ter passado por uma guerra muito cruel, que matou sentimentos, esperanças e o respeito. Hoje você olha para seu casamento e tudo que vê são os ossos secos das coisas boas que viveram um dia. Nada resta além de tristeza e luto. O cenário de uma guerra não se torna menos cruel depois que ela termina, talvez seja ainda mais doloroso ver todo o estrago que foi feito ali.

Quantas vezes você olhou para seu casamento e tudo que viu foram ossos secos? Ossos secos são memórias de momentos e sonhos que morreram há muito tempo. São todas as carícias que não se faz mais, todas as risadas que cessaram, toda conversa que se calou, todo jantar que hoje não tem mais sabor. Com quantos ossos secos você tem que conviver hoje?

Esse livro é para pessoas que já perderam a esperança, que já passaram pela guerra e agora sofrem as consequências dolorosas dela. O casamento já morreu, já secou, só falta o atestado de óbito, talvez até já o tenha. Mas você não se conforma, não aceita essa situação ou, talvez a poeira da guerra e dos ossos o tenha deixado confuso e você só quer uma resposta que faça sentido.

Por meio deste livro, a sua confusão vai se dissipar. Você encontrará respostas para as suas perguntas mais profundas: Por que isso aconteceu? Por que Deus permitiu isso? Será que não tem mais jeito? Qual é o sentido de tudo isso? Será que devo insistir? Talvez, esse livro seja a sua última tentativa, pois você já está ficando sem esperança, afinal já fez tudo o que podia fazer e hoje está cansado e magoado demais.

O meu papel como escritora aqui, é te guiar em uma jornada para alcançar o avivamento do seu casamento. Antes de guiá-los, o Senhor me guiou e me levou a compreender e viver coisas que eram incompreensíveis e pareciam impossíveis para mim. No meio do deserto, encontrei a fonte de água viva, e nela tem água suficiente para todos nós, eu quero compartilhá-la contigo. Anime-se, você descobrirá uma nova esperança.

O profeta Ezequiel teve uma visão de um vale cheio de ossos secos, neste vale o Senhor o guiou a trazer vida para aqueles ossos. Essa passagem tem um sentido simbólico, ensinamentos profundos que você pode aplicar na sua vida e reavivar aquilo que está morto. Só tem uma forma de trazer vida ao que está morto e vou te explicar como fazer isso. Porém, se prepare, pois, você terá que aprender muitas coisas e se esforçar como nunca antes, precisará encarar suas crenças e seus erros de forma madura e corajosa. Não é um caminho fácil, ele é estreito, mas é certo e verdadeiro.

Durante toda a sua leitura, estará sendo revelado pouco a pouco a passagem de Ezequiel 37, você vai caminhar pelo Vale junto com ele e assistir o milagre acontecendo de perto. No capítulo 1, Deus colocou Ezequiel diante dos ossos e, assim revela sobre a nossa incapacidade de lidar com circunstâncias incontroláveis e o que devemos fazer ao nos deparamos com elas, como lidar com a ansiedade em resolver os conflitos do casamento. No capítulo 2, o Senhor ensinou Ezequiel e ensinará você a olhar para a sua situação de uma forma mais realista e menos emocional, você aprenderá a identificar os verdadeiros problemas do seu casamento e entenderá as armadilhas por trás do comportamento de tentar resolver tudo e poderá encontrar um sentido no seu sofrimento. No capítulo 3, Deus começa a ensinar o profeta a agir em situações em que não há esperança ou sinais de mudança, você entenderá por que a mudança nem sempre é evidente, saberá como lidar com toda a confusão emocional e mental que está vivendo e compreenderá por que as coisas que eram boas se tornaram motivo de sofrimento para você. No capítulo 4, Ezequiel aprende a se comportar como um verdadeiro filho de Deus, você vai ler sobre nuances do seu comportamento que interferem diretamente no seu casamento focando nos sentimentos que o relacionamento tem provocado em você e nas atitudes que poderá tomar daqui para frente, também entenderá que o que tem destruído o seu casamento não é o que você pensava ser. No capítulo 5, o Senhor se revela a Ezequiel, você vai ler sobre o que Deus pensa a respeito da sua dor e seu casamento, qual é o plano dEle e porque Ele se importa e o que espera de você. E para finalizar, após a visão que Deus deu a Ezequiel, o Senhor o chama novamente e lhe dá uma promessa inesperada, que garante não apenas a vitória, mais um futuro de união na presença dEle,

Olhe para o seu casamento agora, olhe para os ossos secos, para as marcas, amarguras, perdões que não foram dados, gritos, brigas, negligências, traumas, desesperança, solidão e responda: "filho do homem, esses ossos poderão voltar a viver"?

CAPÍTULO 1

Caminhando com dor

Quando perdemos a esperança, estamos nós mesmos, sepultando o futuro e tudo o que houve antes dele. O problema é que quando sepultamos lembranças, desejos e sentimentos, eles se tornam fantasmas que retornam a cada dia que passa e a todo momento que nos sentimos sozinhos para dizer o quanto não merecemos ou não somos capazes de manter algo que queremos tanto. Enterrar também não reduz o luto, o sentimento de ter perdido algo insubstituível e promissor, que por muitos descuidos e falta de experiência foi segregado de nossos planos.

Ninguém tinha a intenção de matar nada, nem você, nem o outro. Toda intenção foi direcionada ao nosso desejo de conquistar aquilo que mais desejamos: um amor que fique. O problema é que desejamos o amor da mesma forma que uma menina de 5 anos deseja um pônei, imaginando só a parte incrível, sem ter a mínima noção de como sustentá-lo.

Quando começamos a viver dores e guerras, não entendemos o motivo delas, porque para nós simplesmente não faz sentido ter que sofrer tanto. Algumas vezes, o ataque vem nos nocauteando pelas costas, nos damos conta quando já estamos no chão, com o coração despedaçado, sem conseguir respirar ou pensar direito. A comida perde o sabor, os filmes não têm mais graça, levantar da cama parece ser um castigo. Nos sentimos fracos, injustiçados e traídos pela vida, pelo outro e por Deus.

Parece que não fomos feitos para sofrer, cada vez que o sofrimento chega ele termina com qualquer resquício de orgulho ou dignidade que poderia existir em nós. As nossas tentativas de lidar com a dor só nos fazem ver o quão insignificantes somos diante dela. Quantas vezes você teve que ficar assistindo a sua vida desmoronar sem conseguir fazer nada para mudar? Quantas vezes você teve que assistir pessoas que você ama seguindo por caminhos infelizes enquanto estava de mãos atadas? Quando passamos por isso, a dor consome qualquer esperança que poderíamos ter. Nós vemos a guerra acontecer e precisamos encarar aqueles ossos secos e miseráveis, desejando que nada disso tivesse acontecido.

Ossos secos significa morte, fim, falta de esperança, é quando não lhe resta mais nada. Quando falamos de morte uma restauração já não é suficiente, de um avivamento é o que você precisa. Restauração, que é o concerto de algo que está quebrado, machucado, mas ainda vive e está ali, ou seja, é um cenário onde há esperança e alguns sinais positivos. É como alguém que quebrou a perna e precisa de uma cirurgia para se curar. Já o avivamento é necessário quando não há mais vida. O avivamento traz de volta aquilo que já morreu, aquilo que não existe mais no seu cotidiano, o relacionamento que você já não encontra mais na sua vida.

A Bíblia conta que o profeta Ezequiel teve uma visão de ossos secos em um vale. Na visão, Deus lhe perguntou se os ossos poderiam viver novamente. A resposta de Ezequiel foi "Tu o sabes". Esta foi a resposta mais inteligente e honesta que ele poderia dar. Quando Deus perguntou isso, Ele não estava perguntando para entender, afinal Ele é Deus e entende todas as coisas. Ele estava perguntando para testar a fé a humildade de Ezequiel. Se Ezequiel respondesse que não, estaria mostrando uma fé pequena acerca do poder de Deus. Se ele respondesse "se eu orar você pode fazer" ou "se eu pedir, sei que fará", estaria se colocando em uma posição de líder diante de Deus e isso seria pecaminoso. Quando Ezequiel respondeu "Tu o sabes", o que ele queria dizer era "Senhor, você pode fazer se quiser, quando quiser, da forma como quiser". Ele não entendia o motivo de estar ali, nem da circunstância, por isso escolheu se permitir confiar nas decisões de Deus.

Hoje, muitas pessoas estão na mesma situação de Ezequiel: encarando um vale de ossos secos, sem entender como chegou ali, o que está fazendo ali e o que esperar dessa situação. Esse é o começo da história e, com ela, já podemos aprender muito com Ezequiel! A primeira coisa que Ezequiel faz quando se depara com uma situação inesperada e incorrigível é reconhecer a sua incapacidade de lidar com ela e colocar diante de Deus a responsabilidade de fazer isso. Mas não é como um chefe que coloca a responsabilidade de checar as encomendas no seu empregado, é mais como um filho pequeno que aceita que a responsabilidade de o proteger é do pai. É sobre aceitar a sua incapacidade de fazer algo, confiando que alguém mais forte e mais inteligente que você pode fazer muito melhor.

Você pode estar pensando "Mas não tem mais o que ser feito! Os ossos já estão secos, está tudo acabado. O que eu poderia esperar de Deus? O que eu amo já me foi tirado.". Entenda que Deus poderia dar uma visão de pessoas doentes, vivas, para Ezequiel e ainda assim a cura seria um milagre. Deus não mostrou os ossos para causar mais impacto, mas porque queria lhe dar exatamente este sentido. Deus queria mostrar a morte sendo vencida, a dor sendo transformada.

Quando Ezequiel respondeu "Tu o sabes", estava se colocando como coadjuvante, numa obra que não era dele, mas de Deus. Ele poderia abraçar essa obra como se fosse sua, poderia tentar ser alguém mais ativo e capaz, mas compreendeu que o lugar dele era outro. No casamento, tendemos a pensar que a obra é nossa, que devemos educar nosso cônjuge, ensiná-lo a como nos tratar e como lidar com as frustrações. Temos a tendência de tentar corrigir tudo o que não gostamos como se fossem defeitos e de forçá-lo a ver a vida do "jeito certo".

Essa atitude, que parece muito justificável em certos momentos, é egoísta e raramente traz consequências boas.

Quando o outro decide ir embora, nos parece ser a atitude mais egoísta do mundo, mas não paramos para ver o quão egoístas somos quando tentamos manter o outro debaixo daquilo que nós achamos correto. Isso se trata de aceitar o que você não é capaz de fazer e focar nas coisas que você deveria estar resolvendo, que são as suas coisas, as suas atitudes e os seus hábitos.

Enquanto o seu foco se concentra em encontrar falhas no seu parceiro, seu casamento não vai para lugar algum. Você tem obrigações e responsabilidades emocionais no seu casamento e enquanto você se concentrar apenas nas coisas que pensa que o outro deveria fazer, estará negligenciando as tuas responsabilidades. Eu sei que muito do que você espera é justo, talvez seja apenas o mínimo e que ficar sem isso te causa um grande sofrimento. Ser respeitado, amado e valorizado são coisas básicas que qualquer relacionamento precisa para ser saudável. Você vai ter tempo para colocar as tuas necessidades, mas agora é importante que confie nessas palavras de autorresponsabilidade e se comprometa com o processo.

A bíblia alerta que enquanto olhamos para o cisco no olho do outro, existe uma trave no nosso (Mateus 7:3). Quando ela diz isso, está reforçando o quão mais importante é você lidar com suas falhas, por menores que elas pareçam ser e deixar que Deus tenha a responsabilidade de ensinar o seu outro filho. Quando nos tornamos críticos, acusadores e juízes, quando tentamos resolver à força algo que não é nossa responsabilidade, estamos nos colocando no papel de Deus, dizendo para Ele "deixa que eu dou conta disso, porque Você está demorando muito para resolver meu problema". Ore pelas coisas que te incomodam, coloque tudo diante de Deus sem reservas e, depois de fazer isso, deixe Ele cuidar sozinho. Não tente manipular de forma alguma o seu parceiro.

Outro motivo para você lidar com suas próprias falhas primeiro é porque você santifica seu cônjuge à medida que se santifica (1 coríntios 7:14), afinal vocês são uma só carne (efésios 5:25). Conforme você for evoluindo pessoalmente e no seu relacionamento, estará construindo um novo nível de convivência, espiritual e emocional. A palavra santificar, significa separar. Quando você se santifica, está separando a sua vida para Deus, está separando seus sentimentos, seu pensamento, seu casamento e sua família para Ele. Quando você santifica algo, está dizendo que aquilo é propriedade de Deus. O seu casamento não será mais para você, mas para Deus.

O casamento é uma instituição criada por Deus, feito segundo as regras e propósitos dEle. A função mais alta do casamento é representar a união dEle com o seu povo, por isso é necessário se aperfeiçoar cada vez mais como cônjuge para alcançar esse ideal. As demais funções são apoio mútuo e crescimento pessoal. Porém, se a primeira função não estiver sendo cumprida, as demais também não poderão ser. Por isso, santificar a tua vida e o teu casamento a Deus lhe trará muito mais alegria do que você poderia esperar. Mesmo que seu cônjuge não durma mais na mesma cama que você ou não more mais na sua casa, você ainda pode orar por essa santificação. Nenhuma distância é grande demais para Deus.

A grande luta de todo fiel é se manter focado na caminhada enquanto seus pés doem. Porém, a fé nos orienta, cura nossos pés, dá força para as nossas pernas e visão para que saibamos onde chegar. Se a sua vida está sendo abalada pelo excesso de sentimentos e pensamentos negativos, é momento de construir uma vida de fé fortalecida. Quando conseguimos nos entregar para Deus, a sua presença vem como água fresca no deserto, avivando nosso ser, limpando nossa alma de toda mágoa e dor.

Por isso, eu te pergunto: Como estão as tuas orações? Você já colocou tudo o que te incomoda aos pés da cruz? Às vezes, nossas orações se parecem mais com Lamentações do que com Salmos, e isso nos faz pensar que podemos estar orando com ingratidão por focar apenas no que é ruim aos nossos olhos. Mas, se você coloca suas dores diante de Deus, não está sendo ingrato, Ele quer que você faça isso! Isso é uma demonstração de fé e confiança no Pai. Você está se colocando na posição de pó, assumindo sua incapacidade e permitindo que Ele cuide de você e limpe suas feridas.

Você pode reclamar para Deus a respeito de como a sua vida está, você pode perguntar para Ele porque isso tudo está acontecendo, onde foi que os erros começaram a acontecer e o que você precisa fazer para os problemas começarem a se resolver. Se seus pés estão sangrando, deixe Ele limpar, confie no que eu digo, e mais importante que isso, confie no Deus que está contigo. Essa cura faz parte do plano de Deus para a tua vida e para a humanidade, o apóstolo Paulo falou em 1 Pedro 2:24 que Jesus morreu na cruz para que morrêssemos para o pecado e fôssemos curados por meio das feridas d'Ele. Por isso, a primeira coisa que você precisa fazer é colocar sua circunstância diante de Deus, assim Ele vai aliviar seu fardo e você vai conseguir viver pela fé.

Viver pela fé é um conceito incompreendido, muito defendido, e pouco vivido pelos fiéis em Deus. A maioria das pessoas, quando ouvem isso, entendem que viver pela fé é não fazer planos, não lutar pelo que quer e aceitar o que o destino lhe trouxer. Viver pela fé nos dias de hoje, para a grande maioria das pessoas, acontece em uma configuração muito diferente desta. A intenção de Deus é nos fazer entender que dependemos dEle, por exemplo: em um povo onde o alimento é escasso, portanto, valioso, ele usa o alimento como ferramenta. Em uma sociedade onde o emocional está mais frágil, Deus usa situações que provam o emocional para aproximar seus filhos dEle. É por isso que viver sem se esforçar pelo futuro não representa justamente o "viver pela fé".

Viver pela fé é um dos remédios para uma sociedade antropocêntrica, que coloca o ser humano (adulto) como a causa e a finalidade de tudo. Dessa forma, tudo o que importa são os interesses e o bem-estar humano, pessoal ou político. As crianças são criadas desde que nascem como pequenos reis e rainhas, mimados. Muitos de nós crescemos assim, aprendemos a nos colocar acima de tudo, o famoso amor-próprio o torna mesquinho e egoísta. É evidente que isso irá afetar de forma direta qualquer relacionamento que você construa.

Olhando para esse cenário, a maior dificuldade humana, quanto a viver pela fé, é não permitir que Deus determine o seu caminho. Nós queremos interferir em tudo o que Deus faz na nossa vida, queremos dar opinião, aprovar e desaprovar os planos dEle. Enquanto Deus está olhando para um propósito de amor, salvação e glória, nós estamos preocupados em ter razão e em não sermos ofendidos. Quando vivemos de forma antropocêntrica, enxergamos somente nossas próprias vontades, quando vivemos pela fé a nossa visão é ampliada.

Quando estamos sofrendo, ignoramos a promessa e só pensamos em como nos livrar da dor. Não somos fortes e corajosos como diz a Palavra. Queremos jogar tudo para o alto, fugir e começar uma vida nova. Viver pela fé é suportar o sofrimento sem murmuração, com fé, declarando a vitória e praticando ações de graças. Viver pela fé é parar de focar somente na sua própria vontade, aceitando que o Senhor, teu Pai, tem um plano muito melhor que o teu. Viver pela fé é ter maturidade para entender que a dor não é sinônimo de fracasso, mas de crescimento.

Hoje você pode estar esperando uma resposta objetiva e direta de Deus. Talvez você abra a bíblia aleatoriamente na esperança de Deus usar um versículo para falar com você, talvez você esteja indo muito mais na igreja esperando por uma palavra forte do pastor ou pelo toque de um profeta. Tudo o que você quer é a receita para fazer as coisas acontecerem. Embora você queira isso, eu preciso te falar que não é disso que você precisa. A sua dor não será curada quando acontecer o que você quer, porque essa caminhada deixou marcas que não serão apagadas tão facilmente. É preciso haver uma transformação de mente, porque toda vez que você tentar mudar de posição sem mudar de mente, acabará chegando no mesmo lugar.

Aprendendo a lidar com a ansiedade

Além de reconhecer o nosso lugar e as nossas limitações quanto ao nosso cônjuge, precisamos seguir mais um exemplo de Ezequiel que foi esperar a ordem de Deus. Ezequiel não fez nem falou nada antes que Deus lhe mostrasse o caminho. Aqui o ensinamento é sobre ansiedade. Provavelmente teríamos evitado muitos erros no nosso relacionamento se tivéssemos a coragem para esperar a resposta certa no momento certo. Uma briga de casal gera muitas angústias e pressa de resolver o conflito, afinal nada te afeta tanto quanto o seu cônjuge.

O casamento afeta todas as áreas da tua vida, desde financeira, até a saúde física e mental. Por isso, ter pressa é compreensível, mas não é inteligente. É preciso entender que a ansiedade é um sentimento, não uma ordem ou a descrição da realidade. O que você está sentindo tem mais a ver com você do que com os fatos.

A ansiedade ativa o seu sistema de fuga e defesa, gerando uma forte necessidade de controle. Com ela, você se torna mais vigilante, vendo e percebendo qualquer sinal de perigo. Por isso, remói o passado, se estressa com mais facilidade e sente que precisa se afastar do seu companheiro. Essa ansiedade te impede de pensar com calma, então você não consegue tomar boas decisões neste momento. Isso não vai resolver nenhum dos seus problemas e ainda te deixa exausto. Por tanto, aprenda a esperar, aceite a espera, se convença da necessidade dela.

Se você esperar logo no começo, terá que lutar menos, porque receberá uma estratégia melhor e vai se cansar menos também. É preciso suportar a ansiedade para vencer, isso faz parte da sua batalha. Quando você para, é muito angustiante no começo, mas depois se torna melhor e você percebe que consegue relaxar. Quando descansa, sua mente começa a trabalhar de forma realmente produtiva e você vai perceber coisas e ter ideias que não tinha antes.

Não se engane, esperar não é não fazer nada! O momento da espera tem um propósito e uma utilidade. A espera é quando você acalma e para sentir o que está acontecendo perto de ti. Você consegue pensar, observar, planejar e tirar conclusões. Dizem que todas as lutas servem para que a gente aprenda, então se você quer tirar algum proveito disso tudo, precisa parar para pensar e compreender aquilo que você ainda não entende.

Em algum de seus livros, o autor C. S. Lewis escreve que estar em ansiedade é como uma pessoa que se debate quando está se afogando, quanto mais ela se debate menos consegue ver a ajuda que vem e quem quer ajudá-la não consegue se aproximar, mas quando essa pessoa para de se debater, boia na água e mão que quer salvá-la consegue se aproximar e ela é resgatada. Muitos casamentos não melhoram porque as pessoas não param de se debater pela ansiedade, medo e angústia.

Enquanto você ficar gastando sua energia buscando respostas rápidas e ruminando o sofrimento, não conseguirá fazer nada que não seja uma ação desesperada e impulsiva. Não é disso que seu casamento precisa. É necessário parar de tentar controlar tudo, de ser juiz e querer determinar o que o outro precisa e o que você merece. Cada vez que você faz isso, cada vez que tentar impor qualquer tipo de mudança, irá se frustrar. Isso porque a mudança verdadeira só acontece quando o outro entende que precisa mudar e deseja mudar por si mesmo. Se assim for, essa mudança vai acompanhá-lo para sempre, ele não vai voltar a errar. Porém, quando tentamos fazer o outro mudar, seja pelo motivo que for, por meio de ameaças ou manipulação, ele pode até mudar por algum tempo, mas sempre irá retornar ao comportamento anterior, porque a mudança faz todo sentido para você, mas nenhum sentido para ele.

O que você já sabe em relação a essa situação é que as suas tentativas até aqui não funcionaram, tudo o que você fez te levou para esse ambiente que te fere todos os dias. Esse é o maior sinal de que você está seguindo pelo caminho errado. Quando Ezequiel viu os ossos secos, nem imaginou que haveria uma possibilidade de eles reviverem, a ideia veio por meio de Deus. Talvez parecesse mais interessante enterrá-los ou rezar pela alma daquelas pessoas. Talvez, o mais esperado fosse ele se lamentar e virar um militante pacifista. Mas ainda assim, os ossos continuariam lá, secos e mortos. Nenhuma ação externa seria capaz de resolver o problema real. Talvez o futuro que você vê para o seu casamento hoje é enterrá-lo, se divorciar ou simplesmente desistir de tentar. Porém, não é esse o futuro que Deus vê. Em qual visão você vai confiar?

Ezequiel estava sozinho naquele Vale, não tinha ninguém ao seu lado lhe apoiando ou dando conselhos. Ele chegou lá sem nem entender direito qual foi o caminho que o levou até os ossos secos. Talvez você esteja se sentindo assim hoje, completamente desamparado e sem perspectiva. Só que naquele vale de ossos secos, Ezequiel encontrou a coisa mais preciosa que ele poderia ter, a presença e o poder de Deus. Deus se deixa ser encontrado nos momentos de maior dificuldade: no deserto, nas cavernas, nas guerras, na fornalha, na cova do leão e nos destroços de sonhos arruinados. Você tem uma oportunidade aí.

A sua espera não é sobre parar, mas sobre lutar de joelhos! A espera vai te fortalecer, Deus quer te ensinar, falar com você, curar suas feridas, mudar seus sentimentos, entrar no seu íntimo, te mostrar o que você não pode ver, te explicar o que você não entende e te ensinar a guerrear da forma certa. O momento da espera não é o momento de castigo, é um encontro marcado que o Senhor escolheu pessoalmente para pegar na tua mão e te guiar.

CAPÍTULO 2

Olhando para os seus erros

Quando o Senhor levou Ezequiel até os ossos, Ele fez Ezequiel passar em volta deles para olhar para eles. O que Deus te ensina aqui é que você precisa encarar o problema, olhar para ele, analisá-lo, tentar entender o que realmente está acontecendo. Mas não apenas isso, Ele fez Ezequiel dar a volta ao redor deles, ou seja, olhar por mais de um ângulo, analisar, estudá-los.

Os problemas não são apenas aquelas coisas óbvias, mas todos os nossos pequenos e grandes erros que vão aparecendo ao longo do caminho, nossos pecados ocultos ou aqueles pecados que tentamos fingir que não eram importantes. Tudo o que jogamos debaixo do tapete começa a aparecer e é jogado bem na nossa cara. Em uma guerra, você será obrigado a lidar com seus erros, porque cada um deles te deixa mais fraco. Se você quer ser forte e vencer, vai ter que mudar, não há outra forma.

A maioria das pessoas não olham para os seus problemas a menos que sejam forçadas a fazer isso. A tendência humana é fugir deles, buscar por soluções rápidas e, não para resolvê-los, mas para impedir que eles afetem demais suas vidas e causem algum tipo de dano ou desconforto. As pessoas costumam pensar que tudo bem se o problema existir e ficar ali, desde que não interfira negativamente no seu cotidiano. Então, aceitam conviver com o erro e com o pecado. O que não conseguem entender é que esses sinais, são raízes de joio que estão se disseminando no seu jardim com o propósito de sufocar tudo o que Deus já havia plantado ali. Cada vez que você escolhe não olhar para o problema, está dando espaço para ele crescer na sua vida.

Apenas olhar para o problema não basta, afinal a visão humana não consegue ver tudo, somos deficientes neste ponto. Geralmente vemos o que o problema está nos causando de prejuízo, usamos as nossas emoções como óculos. A frustração, o medo e a raiva passam a guiar a forma como encaramos as coisas, mas essa não é a visão que Deus espera que você tenha. Quando olhamos para o nosso cônjuge, vemos uma pessoa problemática, distante, negligente, desamorosa. De fato, tudo isso também é real, mas existe uma realidade mais profunda que essa e Deus fala dela em Samuel 16:7 que "O Senhor não vê como o homem: o homem vê a aparência, mas o Senhor vê o coração". Deus vê mais do que você e quer te mostrar isso, então peça para Ele te revelar a verdade completa, peça para enxergar e entender as coisas que você não vê e não entende.

Essa é a visão espiritual que você precisa buscar, a respeito do seu cônjuge e a seu respeito também. Porque, há diversas partes da sua alma que você não conhece, há diversos medos e desejos em seu coração que podem estar guiando a sua vida, dos quais você não consegue se dar conta.

Nós, humanos, também somos levados por nossos instintos, pela nossa natureza carnal. Quando sentimos medo, quando vemos perigo ou estamos sofrendo, a nossa carne toma o controle para se proteger e perdemos o nosso domínio próprio, porque o domínio próprio é virtude do espírito e o espírito está sempre guerreando contra a carne. A visão da carne é limitada e focada em si mesma, mas a visão do espírito é abrangente e vê muito mais longe do que poderíamos imaginar. Por isso, Deus ensina que precisamos olhar por mais de um ângulo, comece a orar por isso. Existem lugares espirituais do seu casamento e em você que você ainda não conhece.

De onde vem sua fraqueza

A Palavra ensina em João que todo aquele que beber da água que Jesus lhe der nunca mais terá sede. Isso significa que quem ainda não bebeu está com sede. Uma pessoa com sede é uma pessoa fraca. Um relacionamento que não está sendo regado por Deus é um relacionamento que está morrendo constantemente porque não recebeu a água da vida. Os ossos estavam secos, eles não receberam desta água. Muitos casamentos estão secos porque não receberam desta água. Se você vê a cada dia o seu casamento desfalecendo, certamente esta água não está presente na vida do casal. Se não há abundância de vida, é porque a água da vida não está ali.

A nível espiritual, você precisa entender algumas coisas básicas e vai conseguir fazer isso apenas com a ajuda de Deus. A primeira delas é entender qual é o seu estado espiritual diante de Deus, onde você tem dores não tratadas, pecados escondidos e fraquezas ignoradas. Resumidamente, você precisa descobrir em qual área da sua vida você ainda sente sede. É necessário buscar autoconhecimento espiritual também, não apenas emocional. Essa jornada vai ser dolorosa e reveladora, o maior desafio é parar de colocar somente o casamento diante de Deus e começar a permitir que Deus te coloque diante de si mesmo, de uma forma que você nunca viu antes.

Não basta olhar para os problemas sob novos ângulos, também é preciso olhar para si mesmo de uma nova perspectiva. Quando você fizer isso, vai entender onde está a sua força e as suas fraquezas, esse é um conhecimento indispensável diante de uma luta. Por meio dele, seus olhos serão abertos e você se sentirá capacitado para agir de outra maneira diante dos desafios e batalhas cotidianas.

É importante orar e pedir, mas também é importante se calar para ouvir o que Deus tem a dizer e a mostrar. Não ouviremos a voz dEle quando estivermos gritando. Porém, para ouvir a voz dEle é preciso ter coragem para aceitar o que Ele tem a falar, afinal pode ser exatamente aquilo que você mais teme. De qualquer forma, a palavra fala em 2 Coríntios 4:17 que "os nossos sofrimentos, leves e momentâneos estão produzindo para nós uma glória eterna que pesa mais do que todos eles.". Isso significa que teu sofrimento não é ignorado, mas será honrado em glória eterna. Diante desta glória eles são leves, por isso encare seus sofrimentos, entendendo que espiritualmente eles são leves comparados ao que produzirão. Por isso, se você tem medo de alguma revelação ou resposta, apenas confie na misericórdia e no amor de Deus para a sua vida. Ninguém te ama mais que Ele e ninguém pode cuidar de você melhor que Ele, aceite o processo de cura e permaneça nas mãos dEle.

Além de pedir para Deus te mostrar o seu estado espiritual, também é preciso entender qual é o verdadeiro estado espiritual do seu cônjuge, assim você saberá por onde orar e o que pedir. A forma de saber isso é orando cada vez mais por ele e pedindo pela revelação de Deus. Ore com misericórdia e amor, ainda que a situação atual de vocês te faça sentir raiva e mágoas. Afinal, o amor e a misericórdia não são sentimentos, são ações e decisões. Você vai aprender o quão humano, fraco e pecador ele é, também vai entender que a misericórdia de Deus cobre uma multidão de pecados, que nada pode separá-lo do amor de Deus.

Enquanto vocês discutem, se ofendem e se tornam frios, você vê agressividade, negligência, teimosia, raiva e tudo isso é verdade, mas existe uma outra verdade. No meio da turbulência, enquanto você vê apenas as ondas e o vento te açoitando, Deus sabe o que acontece no fundo do oceano. Ele vê a fraqueza, o medo e as marcas que causaram toda essa turbulência.

Ao entender ambos os estados, você conseguirá ver o seu casamento de uma forma completamente diferente! Não basta fazer análises sociais, psicológicas e emocionais, o seu casamento é, antes de tudo, espiritual porque ele foi criado por Deus e para Deus. Seu casamento é uma representação legítima do relacionamento entre Deus e o povo, entre Cristo e a igreja. O seu casamento é espiritual acima de qualquer coisa, então se você quer cuidar dele, precisa cuidar dele e entendê-lo por esse âmbito também. Se você se prendeu ao que é carnal até agora e deu tudo errado, tem um sinal evidente de que precisa olhar de outra forma.

Tudo o que você está vendo e entendendo hoje, são sintomas de questões mais profundas. Tratar cada sintoma não é suficiente para curar um casamento adoecido, é por isso que todas as tuas tentativas para transformar seu casamento foram frustradas. Se uma pessoa sente dor de cabeça constante por uma doença maior, ela toma os remédios para a dor, a dor pode passar por uns dias ou algumas horas, mas sempre retorna. Porque a dor de cabeça não é o problema real, é apenas o sintoma. Até hoje, você tem tratado os sintomas do seu casamento, mas não a doença dele. O problema real só é descoberto quando a pessoa se submete a exames e o médico lhe revela. Por isso, você precisa se submeter a ser examinado, submeter seu casamento a um exame para saber qual é o verdadeiro diagnóstico dele. Por meio da intimidade e da fé, Deus pode lhe mostrar qual é a doença que está matando o seu casamento. Se você não fizer isso, seu casamento fracassará.

Aceitando suas limitações

Após levar Ezequiel a olhar os ossos secos, Deus lhe fez uma pergunta: "Filho do homem, esses ossos poderão voltar a viver?" (Ezequiel 37:3). Essa pergunta pode parecer capciosa para alguns, considerando que, se ele respondesse que sim, estaria indo contra os fatos tangíveis, mas se ele respondesse que não, poderia ser acusado por falta de fé. O Senhor ainda fez a pergunta colocando Ezequiel em seu devido lugar, "filho do homem", deixou claro que ele era humano, pecador e limitado. O profeta entendeu o recado, reconheceu sua limitação.

Aqui a limitação não está no ambiente, não são as circunstâncias naturais que definem as coisas, também não está em Deus, obviamente. Deus deixou claro - "filho do homem" - que a limitação estava apenas em Ezequiel. Como um homem sábio, o profeta admitiu isso quando respondeu "Senhor, tu o sabes", em outras palavras ele disse que não era digno e capaz de tomar alguma decisão naquele momento, deixando as decisões para quem realmente é soberano e conhecedor de tudo.

Aqui, a intenção deste versículo é quebrar a nossa tendência de tentar ter respostas para tudo e de resolver tudo segundo a nossa própria capacidade. O seu casamento é muito importante, quando algo está errado você sofre demais, quando vê que ele está chegando ao fim, se desespera.

É terrível a dor de ver algo pelo qual sonhamos e trabalhamos tanto, desfalecer. É por causa dessa dor que vamos desesperadamente tentar controlar tudo o que pudermos, podemos gastar horas apenas refletindo sobre o que fazer. Isso é natural. Tentar resolver nossos problemas é algo que devemos fazer, mas também precisamos aprender a aceitar o momento de largar a direção e segurar nas mãos de Deus.

Essa necessidade de encontrar respostas, afunila a sua visão, ela se torna mais focada no problema. Ou seja, sua visão se torna mais limitada. Isso te impede de se concentrar em outras áreas que podem estar sendo afetadas sem você perceber, te impede de ver sinais que estão claros e que seriam cruciais para a solução do problema. Sempre que você olhar demais olhar demais para um lado só o outro fica oculto. É como atravessar uma rua olhando apenas para a direita, o risco de ser atropelado por um carro que vem do lado esquerdo aumenta. Quando nos limitamos à busca por uma só resposta, estamos correndo esse risco. Além disso, olhar demais para o problema aumenta as tendências a murmurar. Você pode se tornar uma pessoa amarga, frustrada e reclamona. A murmuração se torna um vício.

Na tentativa de controlar os problemas, a pessoa perde o controle de outras áreas da sua vida. Fala demais, come demais, se torna preguiçosa demais, trabalha demais, bebe demais, fuma demais, compra demais, briga demais... porque a frustração de não conseguir controlar é tão grande, que ela busca alívio ou prazer imediato em outras coisas como forma de compensar todo o estresse que está vivendo.

Quanto mais você tentar controlar as coisas que não pode controlar, menos controle vai ter sobre as coisas que deveria controlar. É por isso que devemos colocar as nossas ansiedades aos pés da cruz, o Senhor quer lhe tirar esse peso. Esse é um peso que você escolheu carregar, mas que não deve carregar porque não vai aguentar. O que é da responsabilidade de Deus deve ficar com Ele, não com você.

É preciso encarar os fatos, se seu casamento sempre esteve nas suas mãos e está fracassando é porque suas mãos não são um bom lugar para ele estar. Você não é o dono do seu casamento, Deus o é. Colocar o relacionamento nas mãos dEle lhe permitirá ter tempo e disposição para se ocupar nele com as coisas que estão sob a sua responsabilidade. Você é responsável pela forma como trata seu cônjuge, você é responsável por lutar espiritualmente pelo seu relacionamento, você é responsável por estudar e amadurecer, você é responsável por cumprir com excelência e alegria as atividades da sua casa. A transformação do seu cônjuge não está nas suas mãos, esse é um trabalho para Deus.

Vai murmurar ou aceitar?

Quando Ezequiel viu os ossos, ele poderia ter se lamentando, poderia chorar ou murmurar, mas ele não fez isso, ele se calou e esperou pela voz de Deus. A postura dele estava dizendo: "Ok, Senhor, estou vendo isso, e agora, o que você espera de mim? Por que me trouxe até aqui?". Ele entendeu que Deus tinha um propósito e esperou com paciência para compreender.

Precisamos aprender com Ezequiel a aceitar essa situação, não como um martírio pelo qual temos que passar, mas como a parte de um projeto maior de Deus. Foi o Senhor que te trouxe até aqui, foi Ele que te colocou nesta posição. Também é Ele que te consola quando você chora, que sofre quando você sofre, que te deu forças para suportar até aqui e que te ensina todos os dias. As dores que passamos diante de Deus são como as dores do parto, elas são terríveis, quase insuportáveis, mas quando o bebê nasce, você se esquece de toda a dor e passa a viver segundo aquele amor que estará em seus braços e você sente que cada segundo valeu a pena. É assim com as mães, foi assim com Jesus e será assim com você. Apenas tenha fé e esperança em Deus.

Aceitar a situação não é se submeter ao problema e sofrer calado. Pelo contrário, é encarar o problema, entendendo que o seu papel é buscar pela solução dele. É entender que a dor é uma parte necessária nesse processo e que há um propósito maior do que você consegue ver. Com essa visão, você vai se fortalecer, aprender a agir e mergulhar na presença de Deus. Você vai ter uma paz que não vem do mundo, mas de Deus, e ela vai te acompanhar nessa batalha, mesmo em campo de guerra, porque a paz do Senhor excede todo o entendimento.

Eu não sei quais são os seus problemas, mas conheço aquele que sabe. Ele permitiu que você estivesse aí da forma como está, Ele quer fazer parte dessa batalha junto com você. Porque Ele te colocou aí, mas não te deixou sozinho - "não vos deixareis órfãos" (João 14:18). Há um projeto muito maior, que você ainda não entende, mas que o Senhor está te ajudando a conquistar.

Você se lembra da história de José? Ele foi rejeitado, humilhado, escravizado, aprisionado e tudo isso parecia uma grande e terrível injustiça. Porém, essas eram as dores de parto dele, o caminho para a manifestação da glória de Deus. Sim, ele sofreu, mas a todo momento Deus estava com ele e o abençoou. No mundo tereis aflições, está escrito, mas Eu venci o mundo (João 16:33)! Não houve promessa de alegria constante, mas de aflições e depois de vitória. Se você vive a aflição agora, se alegre, pois, a vitória está chegando.

Além de entregar nossas ansiedades para Deus, precisamos entender duas coisas: (1) Deus quer nos aliviar de nossas dores, e (2) somos sacrifícios vivos para Ele. Isso significa que as nossas aflições devem ser entregues com o objetivo de adorar a Deus. Nós devemos entregar para Deus os resplandecer a sua glória. Nada permanece com antes após o toque de Deus, tudo o que Ele faz é perfeito. Então, se você O entrega algo quebrado, frágil e sujo, Ele limpa, fortalece e transforma.

CAPÍTULO 3

Suas mãos não estão atadas

Deus poderia ter feito os ossos voltarem a vida sozinho, mas ele pediu que Ezequiel profetizasse. Deus não usou a própria boca para fazer o milagre, mas a boca de um homem. Faz parte do projeto de Deus ver a glória dEle se manifestando em você. Ele quer que a autoridade dEle esteja em seus lábios, que a tua confiança nEle seja transformadora. Está no projeto que você será canal de bençãos, que você transbordará e alcançará outras pessoas.

Você foi feito do pó, em si mesmo não tem valor algum, mas quando o Espírito de Deus está presente em você a glória dele se manifesta. Por isso, as escrituras nos chamam orar, vigiar e abençoar. A sua língua tem poder, o que você fala e o que você acredita apontam o caminho para o qual você vai seguir e forma com a qual impactará a vida de outras pessoas. A transformação começa pela mente e pela boca. A renovação da mente acontece quando absorvemos conteúdos diferentes, passamos a pensar neles e não mais nas coisas velhas. A boca vem para trazer ao concreto aquilo que antes era apenas ideia, não apenas pelo que você fala e declara, mas pelo que é calado também.

Se nós que somos pó, fomos constituídos em carne, órgãos, sentidos, desejos e um futuro antes mesmo de existirmos pelo poder de Deus, é ilusão pensar que nosso Pai não poderá transformar as coisas que já existem em ainda melhores. Nem mesmo o que já morreu pode ignorar o poder de Deus, essa é a mensagem que Deus passa quando faz os ossos terem vida novamente. Essa mesma mensagem foi expressa em Lázaro, em Jesus, no filho da viúva, na filha de Jairo, Tábita e Eutico, todas elas na bíblia, na sua bíblia, para te mostrar que o poder de Deus pode ressuscitar.

Além de entender isso, você precisa entender que, quem estava morto não pediu ajuda, não orou, talvez nem soubesse de que estava morto. Os mortos se levantaram por meio da fé das pessoas ao seu redor, por meio da misericórdia de Deus, nunca por causa de si mesmos. Por isso, não espere que alguém morto espiritualmente reconheça que está morto, isso não vai acontecer. É por meio da tua fé, da tua intercessão e da misericórdia de Deus que isso acontecerá.

Se percebeu que os sentimentos do outro por ti estão mortos, saiba que não há nada que ele possa fazer para reavivá-los. O morto não se dá conta do tamanho da sua morte e não tem forças para voltar a viver. Esse poder pertence a Deus e é a tua oração que servirá de instrumento para o milagre. É isso que Deus quer te ensinar usando a vida de Ezequiel como exemplo. Então, pare de esperar que o outro mude por si mesmo, pare de esperar que ele seja o autor do próprio milagre, comece a tomar consciência do quão importante é a tua atitude e postura para mudar esse cenário e entregue todo o restante nas mãos de Deus.

As pessoas sabem que Deus toma conta de tudo e por isso, caem no erro de pensar que não precisam fazer nada além de esperar, ao usar a visão de Ezequiel foi expresso claramente na Palavra que o Senhor espera que tomemos atitudes e tenhamos a postura correta. Não pense que Deus deve ter pena de você e fazer tudo por você porque se sentiu injustiçado, essa é a sua vida e a sua batalha, você precisa passar por ela.

Deus te deu um poder, que você usa todos os dias sem perceber, ele pode estar enterrando o que já morreu ou trabalhando a favor de uma ressurreição. Esse é o poder da sua língua, das suas palavras. Há, pelo menos, 35 versículos na bíblia que falam diretamente sobre o poder da língua. Em Provérbio 18:21 está escrito de forma bem clara que "A morte e a vida estão no poder da língua". Sim, o que você fala determina o seu futuro, o futuro do seu cônjuge e o futuro do seu casamento. Entenda, aceite e use para o bem. Esse poder foi lhe dado por Deus, se usado da forma correta e com a presença dEle, será ainda mais poderoso!

Você pode usar esse poder declarando, orando, expulsando, louvando, testemunhando. Porém, para fazer isso, você precisa aprender o que mais Deus espera de você para que consiga usá-lo de uma forma benéfica e poderosa. Ao longo do próximo capítulo você aprenderá mais detalhes sobre isso e entenderá o que torna a língua tão poderosa.

Não é o que parece

O Senhor disse aos ossos em Ezequiel 37:5 "Farei um espírito entrar em vocês, e vocês terão vida". Não há vida sem o Espírito de Deus, nem para nascimento, nem para ressurreição. A mudança começa pelo espiritual, é onde somente Deus alcança e enxerga. Ele abala o que parece seguro, tira o que parecia garantido e evidencia as feridas que precisam ser curadas. Se algumas vezes, o seu mundo parece estar desmoronando, é porque Deus está destruindo os seus ídolos para que Ele possa reinar e transformar sua situação.

Quando a mudança espiritual acontece, só conseguimos ver algumas de suas consequências, nem sempre elas são agradáveis. Você pode se sentir confuso por estar orando e não parecer que as respostas estão aparecendo, mas espiritualmente, a mudança está acontecendo mesmo que você não se dê conta.

Em Ezequiel 37:6, o Senhor falou aos ossos secos exatamente o que Ele iria fazer, Ele disse "Porei tendões em vocês e farei aparecer carne sobre vocês e os cobrirei com pele; porei um espírito em vocês, e vocês terão vida. Então vocês saberão que eu sou o Senhor".

Os tendões foram a primeira coisa que Deus fez. A função biológica dos tendões é ligar os músculos aos ossos, para transferir força. Quando Deus fala que vai colocar os tendões, já deixa perceptível a ideia de que também porá músculos, afinal os tendões só têm função se houver músculos onde eles se agarrem. Mas Deus não falou dos músculos, porque a força não pertence ao homem, mas dEle. Temos força por meio da Sua presença, o homem é fraco em si mesmo. Mesmo com ossos e tendões, eles ainda não estavam vivos.

Os ossos podem ser duros, mas não conseguem ser fortes sozinhos. Após colocar o seu espírito, Deus os preparou para receber a força dEle. Os tendões simbolizam a união entre a força de Deus e o homem. Nesse momento, a força de Deus pode começar a se manifestar pelos frutos do espírito que estão escritos em Gálatas 5:22-23, são eles: amor, alegria, paz, paciência, amabilidade, bondade, fidelidade, mansidão e domínio próprio.

Após os tendões, Deus os cobrirá com pele. A pele não é apenas algo que aparece e que tem valor estético, ela tem uma função essencial que é proteger todos os órgãos internos das agressões externas. Deus queria lhe dar um escudo, que protege seu interior do mundo. Aqueles ossos secos só poderiam estar preparados para encarar os perigos do mundo quando estivessem com a sua alma protegida. Mesmo com ossos e tendões e pele, eles ainda não estavam vivos.

O que traz vida, de fato, é o espírito! Nesta passagem, o espírito foi mencionado no começo e no final da obra de Deus. Ele foi mencionado duas vezes, primeiramente, para deixar registrado que não há vida de maneira alguma sem ele. Segundo, para o ser humano entender que o espírito deve estar no começo e também na continuidade. É esse espírito, de vida, que deixa o homem convicto de que Ele é o SENHOR. Uma pessoa realmente viva não duvida de Deus.

Ezequiel contou no versículo 7 que "enquanto profetizava, houve um barulho, um som de chocalho, e os ossos se juntaram, osso com osso.". Quando o profeta cumpriu exatamente a ordem que Deus lhe dera, ele começou a ver sinais. Aquilo que está na sua mente e na sua boca, fazem total diferença para o avivamento. Porém, os sinais não foram claros, foi apenas barulho. O barulho geralmente é algo que incomoda, confunde e desconcentra. Ninguém gosta de barulho quando ele parece um caos, mas quando esse barulho parece fazer sentido, somos atraídos para ele.

Os barulhos geralmente servem de aviso: "algo caiu no chão", "algo está quebrado", "algo está acontecendo". Ezequiel viu que tinha algo acontecendo, mas estava confuso. Ele viu tudo ao seu redor se movendo, algo que parecia instável e comparou isso com o som de um chocalho. Isso não se parece com bênção nem com milagre, parece apenas uma confusão inesperada. Aos olhos do profeta era apenas barulho e confusão, aos olhos do Pai era o milagre acontecendo.

Algumas vezes oramos e parece que, quanto mais oramos, mais as coisas pioram. É Deus sacudindo a poeira dos ossos, levando cada coisa para o seu devido lugar. Por isso, não se prenda as aparências como Samuel foi tentado a fazer em 1 Samuel 16. Deus não vê como o homem vê. Ele vê o coração. É no coração que ficam as maiores feridas e os desejos mais intensos, é no coração que a mudança começa a acontecer.

O ser humano, quando está acostumado com as suas feridas, tende a protegê-las. Ele entende que dessa forma sofrerá menos. Porém, quando o Senhor começa a tocar nas feridas, sensações adormecidas começam a ser novamente sentidas. Aquela sensação de vazio, uma inquietude e o medo que não é mais possível controlar por si mesmo. Quando o homem está diante disso, ele tenta resolver com suas próprias mãos, começa a agir de forma desesperada, são os ossos sendo sacudidos. Chegará o momento em que esse homem perceberá que não pode fazer mais nada por si mesmo e só restará se quebrantar a Deus. Então, os ossos começam a se juntar. Aquilo que estava em confusão, passa a ser ordenado de acordo com a vontade perfeita do Criador.

Colocar os ossos em ordem não é o milagre completo, Deus já havia dito que os fortaleceria e colocaria um espírito neles. Nós somos pessoas ansiosas e temos pressa em ver o milagre completo, essa pressa poderia fazer Ezequiel se contentar apenas com ossos juntos, mas Deus queria mais. Você pode estar dizendo "eu só queria que meu marido parasse de beber" ou "me basta que minha esposa seja fiel", mas isso são apenas os ossos se juntando. Deus quer muito mais que isso.

O Senhor deseja uma transformação completa. Ele não quer que seu cônjuge seja uma pessoa melhor, Ele quer que seu cônjuge seja uma nova pessoa. Ele não quer remendar o vaso, mas quebrá-lo e construí-lo novamente. Talvez você esteja esperando pouco de Deus. Esse é um processo que leva tempo, há um tempo de preparação para a transformação e para vocês saberem lidar com essa transformação também. Deus não dá tesouros para quem não sabe cuidar ou valorizar. Se você quer viver um casamento feliz, precisa aprender a ser uma pessoa virtuosa e sábia para vivê-lo.

A espera é necessária para o preparo, mas também é consequência do pecado. Os nossos sofrimentos não nos foram dados por Deus porque isso fazia "parte do show", a palavra fala que Deus não sente prazer no sofrimento em Lamentações 3:33. O sofrimento é uma consequência do pecado, nós precisamos vivê-la e, enquanto a vivemos, Deus estará nos consolando. Em Miquéias 7:9 o profeta fala "Sofrerei a ira do Senhor porque pequei contra ele, até que julgue a minha causa e execute o meu direito: ele me trará luz, e eu verei justiça.". Você vai precisar passar pela provação, mas o Senhor lhe trará luz.

Entenda o que você está vivendo

Não é natural para o ser humano ver com olhos espirituais. Cada vez que qualquer milagre acontece diante de nós, a nossa primeira reação é tentar entender e justificá-lo. Nossa mente não entende o milagre, nem o aceita com facilidade. O milagre é imprevisível, acontece por caminhos inesperados e é totalmente fora do nosso controle. Quando você pede um milagre para Deus, pode ter certeza de que também está abrindo mão de todo o seu controle sobre qualquer circunstância que possa acontecer. O milagre vai te levar ao imprevisível e nem sempre ele vai parecer bom. Você está preparado para lidar com isso?

Se você quer ver o milagre, precisa parar de olhar para a situação com o objetivo de análise e controle. Essa postura ativa precisa se transformar em uma postura de espectador, espectador da obra de Deus. É como se você estivesse assistindo a sua vida acontecendo em um palco, onde você confia que o roteirista vai lhe dar o melhor final que poderia acontecer, melhor mesmo do que o final que você poderia criar. Deus é o roteirista da sua vida. Quando você parar para olhar os atos e as cenas, poderá começar a ver a influência de Deus ali.

Há momentos de lutar, agir e planejar, mas também há momentos de deixar acontecer. Em qual momento você está agora? Quando estamos em guerras emocionais e espirituais, uma das coisas que mais nos afetam é a confusão. Ficamos perdidos, sem entender o que está acontecendo, sem aceitar as circunstâncias, sabemos que já fizemos de tudo, mas ainda parece que falta algo, a ansiedade e a desesperança corroem nossa alma. Existe uma lógica divina que desafia a lógica humana, essa lógica considera a fé e a espera uma ação. Para o ser humano, esperar e agir são coisas opostas, mas para Deus não é. Esperar em Deus é agir pela fé, quando você entender que a espera não é uma perda de tempo, mas um processo de fé e amadurecimento, irá ter paz quando apenas esperar e observar o milagre acontecendo.

Estou falando em esperar porque algumas coisas são simplesmente exclusivas de Deus, você não pode fazer nada, suas mãos estão totalmente atadas. Esse processo de mudança no teu cônjuge e no teu casamento também irá refletir em um processo de mudança interno seu. Por mais que essa batalha seja difícil, faz parte do teu processo e da tua história passar por ela. Você precisa passar por isso, mesmo que ainda não entenda o motivo. Tem muita coisa que você precisa aprender, aceite isso e viva o processo.

Aceite a correção de Deus, Ele não tem prazer no teu sofrimento, mas o permite para evitar sofrimentos piores, Ele permite para que a dor e o pecado sejam transformados em benção e alcance outras pessoas. Você não tem ideia do quanto a sua vida e a sua história tem potencial de cura. Isso tudo dói muito porque Ele está te fortalecendo e um dia você irá agradecer a Deus por isso. Se José não tivesse sido enganado, ele não seria governador do Egito, se David não tivesse enfrentado um gigante, ele não seria Rei, se Cristo não tivesse enfrentado a cruz, nós não seríamos salvos. Para tudo existe um propósito, para a sua dor também!

Todas as pessoas do mundo sofrem, mas aquelas que esperam em Deus encontram o propósito por trás da sua dor. Todo sofrimento, seja ele uma consequência ou uma fatalidade, ocorre por causa do pecado. Ou seja, não é algo que o Senhor escolheu, mas até mesmo o que Ele não desejou será usado para o seu bem se você o amá-lo. Isso se chama graça e misericórdia. A Bíblia deixa isso claro quando fala que onde abundou o pecado superabundou a graça (Romanos 5:20). Aquilo que machuca, pune e suja será transformado e se tornará bom fruto.

No livro de Romanos 28:8, o apóstolo Paulo fala que tudo coopera para o bem daqueles que amam a Deus. As coisas mais alegres e também as mais terríveis estarão ganhando novo sentido e sendo transformadas. O processo que Deus tem para cada um de nós, não é apenas um processo de evolução, mas de transformação completa, em você, no seu casamento, no seu emprego, na sua família.

A forma como Deus trabalha é única, Ele tem métodos que nenhum ser humano seria capaz de criar ou compreender por sua própria sabedoria. Não é sem motivos que está escrito que a sabedoria de Deus é loucura para os homens! No meio de tanta confusão não podemos esquecer que as coisas só estão organizadas de um jeito que a gente não entende.

Meu marido é programador, quando ele está trabalhando e olho para o monitor, vejo apenas um monte de símbolos, letras e números sem sentido, uma bagunça generalizada ali, mas ele não vê isso. Ele vê códigos, cores, palavras, estrutura. Um dia eu perguntei ao meu marido como ele entendia aquilo e ele me disse que era como ler um livro. E quando ele finalizava o trabalho, ele me mostrava algo organizado e funcional. Eu entendo que Deus também trabalha assim na minha vida, parece uma bagunça para mim, mas ele está vendo forma, sentido e função em tudo o que está acontecendo. Deus é o programador da minha vida, um dia ele vai me mostrar a obra completa e tudo fará sentido, eu O louvarei e me alegrarei nEle.

As mudanças que mudam você

O nosso maior erro de fé é tentar ver a obra completa antes do tempo certo. Queremos que Deus nos explique o que está fazendo, justifique nossos sofrimentos e, no fundo, queremos uma previsão do futuro, para decidirmos se vamos nos manter no caminho ou dizer não para os planos de Deus. Queremos que o roteirista pergunte aos atores se eles concordam com os próximos capítulos.

A fé é como assinar uma folha em branco e deixar que o Senhor escreva, sem que você fique sussurrando nos ouvidos dEle o que quer que Ele escreva. Acredite, Ele sabe tudo o que você quer, antes mesmo de você falar, antes mesmo de você pensar a respeito. Ele sabe qual é o casamento que você quer, qual é a família que você quer e mesmo assim Ele continua a te falar que os planos dEle são melhores do que os seus. Confie no seu Pai, Ele sabe qual é o caminho que vai fazer você se sentir completo.

Outro erro que cometemos é pensar apenas na benção. Vou te falar uma coisa: Deus quer te abençoar, mas tem coisas mais importantes do que a benção que você espera. Você é um homem caído e precisa voltar para Deus, você está machucado e precisa ser curado, você pecou e precisa de perdão, a sua vida não é sua propriedade, é propriedade de Deus e Ele quer usá-la para o reino dEle. A sua benção, por mais importante que ela seja para você, é apenas um detalhe de todo o processo que precisa acontecer na sua vida. Não estou falando que o Senhor não se importa com ela, Ele quer te ver feliz e se importa com todos os detalhes da sua vida, mas tome cuidado para não ser egoísta e esperar apenas aquilo que você quer, esteja disposto a passar pelo seu processo como um sacrifício vivo, glorificando e amando o seu Deus.

Como eu já te contei antes, nada acontece sem o Espírito de Deus, toda a vida depende dEle. o Espírito precisa habitar na sua casa, na sua vida e na vida do seu cônjuge para que vocês vivam um casamento feliz. Porém, Ele não vai habitar em um lugar inóspito, é por isso que vocês precisam ser transformados. Deus começa preparando um ambiente para seu Espírito, um lugar habitável, onde Ele terá domínio para mudar as estruturas, redecorar e tirar ou colocar tudo o que Ele quiser. Então, entenda de uma vez: se você está pedindo para Deus se envolver na sua vida, Ele fará, mas fará do jeito dEle, tomando posse da posição dEle, que é uma posição de Senhor e Rei. Ele não aceita menos que isso. É necessário se render ao Criador dos céus e da terra.

O ser humano é resistente a mudanças, mesmo que elas lhe pareçam boas, é por isso que, muitas vezes, as mudanças acontecem ao seu redor, te obrigando a se transformar para lidar com a vida. É o relacionamento que termina, a demissão que chegou, a gravidez inesperada, o segredo revelado... Assim, as pessoas sentem que a vida delas virou de cabeça para baixo e precisam aprender a viver de outra forma, a pensar de outra forma e a ter novos sonhos, mais adequados a essa realidade que se abriu diante delas. Voltar-se para Deus e colocá-lo no centro de tudo em sua vida é a maior mudança pela qual você passará, porque isso vai te transformar por completo, tudo o que você ver, pensar e desejar será transformado. Talvez você esteja lendo esse livro apenas com o interesse de salvar seu casamento, o seu casamento será transformado, mas não apenas ele.

O Senhor aproxima e afasta as pessoas de você no tempo certo, até aquelas pessoas que você jura que deveriam estar sempre ao seu lado. Talvez, o seu marido ou a sua esposa, pessoa que fez uma aliança de vida contigo, que prometeu estar sempre ao seu lado te amando e respeitando. Hoje ela não te respeita mais e faz tempo que você já não se sente amado. Hoje, você pode estar sentido que o seu próximo é a pessoa mais distante de você.

Se você acha que Deus estragou o seu casamento para entrar em sua vida, entenda que o seu casamento nunca esteve firme antes, ele pode ter sido feliz, mas era firmado sobre a areia. O que Deus fez foi revelar o que estava oculto, os pecados, desejos e fraquezas que vocês tentaram esconder por anos, porque Ele não habita onde tem mentira. O Senhor é um Deus de verdade, nada fica oculto diante dEle. Você precisa encarar a verdade se quiser transformação e uma vida verdadeira. Deus não estragou nada, Ele apenas tirou a venda que estava em seus olhos. Agora você enxerga suas fraquezas, seus erros, seus pecados e a natureza humana e pecaminosa da pessoa com quem se casou. Você finalmente está enxergando de onde Deus quer te salvar.

Uma parte dolorosa da nossa evolução é abandonar nossos ídolos. Ao longo da nossa vida, vamos construindo muitos ídolos sem perceber, isso se torna tão natural que nem percebemos o quanto aquilo nos afeta. A Bíblia apresenta o ídolo como a representação de Deus ou de outras divindades por meio de imagens pelas quais as pessoas confiam, se prostram e acreditam depender. Esses ídolos vão ocupar um lugar que deveria ser de Deus. Então, sempre que você colocar a confiança do seu futuro em algo, como no dinheiro, invés do Criador, isso é seu ídolo. Sempre que suas decisões forem baseadas na opinião de outras pessoas, fazendo aquilo que contraria a palavra de Deus, essas pessoas serão seus ídolos. Se você deixar de gastar seu tempo com Deus para se dedicar a outras coisas, seja ao celular ou ao parceiro, isso é seu ídolo. Cada vez que algo te domina e tem controle sobre suas emoções e decisões, como álcool e drogas, isso é seu ídolo.

O ídolo mais comum que temos é a nossa família. É natural que uma criança tenha seus pais como referência, mas conforme vamos crescendo e aprendendo mais de Deus, Ele começa a ocupar este lugar. Aqui não se trata de não ouvir conselhos dos pais ou de parar de honrá-los, trata-se de ouvir conselhos, mas só os seguir se eles estiverem de acordo com a vontade do Pai, de tomar decisões segundo as orientações dEle.

Além da família nuclear ser ídolo, a família ideal ou utópica também tende a ser. Tendemos a imaginar como o nosso casamento deve ser e passamos a viver para conseguir isso. Colocamos o casamento, instituição criada e abençoada por Deus, acima de Deus. Assim, o Criador se torna um meio para alcançar um casamento ideal. Essa é uma das maiores armadilhas que precisamos entender. O casamento é de Deus e para Deus, o casamento tem objetivo e função, seus preceitos e regras já foram determinadas pelo Criador. Por meio do casamento somos moldados, ensinados, provados e santificados e, sempre que você colocar o seu casamento acima de Deus, estará perdendo as maiores preciosidades que poderia obter dele.

Você sabe que tem um ídolo quando a sua sensação de segurança e estabilidade emocional passam a depender dele: *"só vou me sentir segura quando meu salário aumentar"*, *"só fico bem quando meu marido está aqui"*, *"eu preciso beber para me acalmar"*. O seu ídolo define o seu estado de humor durante o dia. Se o seu ídolo se afastar ou não te suprir, como você acha que ele deveria fazer, o seu sofrimento é intenso. Se você está vivendo isso, seja qual for seu ídolo, é preciso aprender a viver e a depender somente de Deus.

O Senhor exige exclusividade, a bíblia compara a idolatria com o adultério, ela é grave. Você não pode ter dois senhores, somente um e se você está lendo esse livro, provavelmente já fez a sua escolha. O Criador é o único que pode te curar de toda dor e derramar bênçãos sobre a tua vida, não há outro.

O Senhor vai reivindicar o lugar dEle na tua vida, vai te mostrar que os teus ídolos para nada servem. No momento da angústia, você vai procurar por eles e eles não poderão te ajudar, ficarão imóveis. Nada além da presença do Pai pode saciar você, nem mesmo seu marido ou sua esposa. Deus deixa claro que o mundo sem Ele não vale a pena. A idolatria é uma busca cega por Deus. As coisas que Deus faz são ótimas, o amor, o sexo, a família, o prazer... tudo isso Ele fez para nos alegrar e tudo isso tem um pouco da essência dEle, mas nada disso é Ele! Você não precisa de algo que se pareça com Deus, você precisa de Deus. O que você quer é bom, mas só Aquele que é maior do que o que você quer pode te dar.

CAPÍTULO 4

A postura correta

Agora que você já entendeu do que se trata a sua busca e o seu casamento, é importante saber como agir diante dessa realidade e dos desafios que ela apresenta, afinal, a fé sem obras é morta (Tiago 2:26). O Senhor me mostrou o livro de Ezequiel como um manual de ação para os dias em que a morte tentar vencer. Na verdade, toda a Bíblia é uma constante lembrança de que a morte não venceu no final, que mesmo depois de batalhas sangrentas, doenças e desesperança, as mãos de Deus estão prontas para restaurar e avivar quando há arrependimento e entrega verdadeiros. Porém, o Senhor não atua sozinho, Ele quer a nossa ação como uma prova de fé e confiança nEle e ação não é apenas o que fazemos, mas como nos comportamos diante dessas batalhas.

Postura não é apenas a forma com a qual nosso corpo se apresenta, mas também a forma como nossa mentalidade e nosso comportamento estão alinhados para um propósito. A postura de autoridade, por exemplo, não é identificada apenas pelo uniforme, mas pelas palavras, pelo tom de voz, pela visão que a pessoa tem acerca de algum assunto, pela forma como ela se reporta a outras pessoas e por quem ela acredita ser. A postura é tudo o que você está apresentando de si mesmo neste momento. Com qual postura você tem se apresentado diante do teu casamento hoje? Qual é a sua postura como esposa/marido?

Talvez agora você esteja pensando: "entendi, mas que postura é essa que devo ter?". Confesso que pensar sobre isso também é um desafio para mim, especialmente quando o casamento está passando por uma tempestade. Na tempestade não nos preocupamos com a postura, apenas em sobreviver. Tudo que você faz, seja aquilo que você planejou ou aquilo em que se sente envergonhado em lembrar, pois perdeu o controle, diz uma tentativa de sobrevivência emocional. Quando sentimos que nossa dignidade, liberdade e autoestima estão sendo esmagadas, ficamos desesperados para frear esse ataque e é nesse desespero que nos perdemos e colocamos em xeque tudo o que já foi construído até aqui.

No versículo 9 do capítulo 37, Ezequiel nos conta que o Senhor pediu para ele ordenar que o vento soprasse dentro dos mortos para que eles voltassem à vida. É claro que o próprio Criador poderia ter feito isso, por que pediu que o profeta o fizesse? Simplesmente porque o milagre é função de Deus, mas a ação é a sua função.

Quando vivemos uma luta, o Senhor nos dá as armas e a força, mas cabe a nós lutar. Lutar de forma espiritual, sim, mas também agir no mundo físico da forma correta diante das adversidades. Ter essa consciência e agir de acordo com ela é uma das coisas mais difíceis que você precisará fazer em sua vida, porque se trata de negar a si mesmo a todo tempo. Você vai precisar calar quando se quer gritar, abençoar quando quiser reclamar, ficar quando quiser sair, continuar quando quiser desistir, pensar no outro quando estiver carente de cuidado consigo mesmo. Negar a si mesmo é o maior desafio que existe e o casamento exige isso todos os dias.

Quando sentimos fortes emoções queremos ceder a elas, sempre que ficamos irritadas queremos xingar, sempre que ficamos tristes queremos nos isolar. Porém, quem cede aos seus sentimentos tem a sua vida controlada por eles e isso também é um veneno para o casamento. O seu propósito precisa ser lembrado todos os dias, aquilo que está em jogo é mais do que a sua emoção neste momento.

O seu sentimento é volátil, se altera dia após dia. Há momentos em que se sentirá grato e apaixonado e haverá momentos que se arrependerá de ter casado. Há momentos em que vai desejar estar próximo e outros nos quais precisará de espaço pessoal. Tudo o que nós sentimos é genuíno e importante, todas as nossas carências são verdadeiras, todos os medos têm sentido. O problema não é o que você sente, mas para onde você direciona as suas emoções. Cada emoção gera um tipo de energia em nosso corpo por exemplo:

- Raiva: energia violenta, te faz ter vontade de bater e gritar.
- Ansiedade: necessidade de ser notada, amparada, vontade de correr, andar rápido e fazer movimentos repetitivos
- Tristeza: falta de energia, perda do apetite, necessidade de chorar
- Nojo: repulsa, desejo de se afastar, necessidade de proteção

Essa energia que você sente fica em você até que você coloque para fora. Podemos nos sentir como uma panela de pressão pronta a explodir. Imagine que seu marido disse algo em uma conversa aleatória que te incomodou, você decide que não vai falar nada para evitar problemas, porém o que ele falou não sai da sua cabeça. Então, você decide se fechar para evitar explodir, ele percebe que você está estranha e te questiona, neste momento você não consegue mais se conter e fala tudo o que estava guardado, joga em cima dele todas as emoções que você está sentindo de forma descontrolada. Uma situação como essa acontece quando a gente não entende a forma certa de lidar com os nossos sentimentos. Você tentou segurar a energia para si, e ela irrompeu no primeiro alvo que encontrou.

Direcionar os seus sentimentos é a forma mais inteligente de lidar com eles. Você vai selecionar um alvo de forma consciente e permitir que a energia escoe pouco a pouco nele. Desta forma, conseguirá colocar para fora o que sente e evitar maiores prejuízos. Na psicanálise, isso também é chamado de sublimação. O que você sente jamais deve ser negado, mas direcionado e a forma como direcionamos aquilo que sentimos revela a nossa postura diante da vida. Uma pessoa que se sente ansiosa pode escolher tomar uma taça de vinho ou fazer uma caminhada. Uma mulher irritada com o marido pode escolher confrontá-lo ou conversar antes com psicólogo sobre o ocorrido para ter uma visão mais ampla da situação.

Existem algumas barreiras que nos impedem de ter a postura correta. É importante identificar essas barreiras e tirá-las do seu caminho para conseguir alcançar algo mais firme e sólido. Cada uma dessas barreiras tem uma raiz emocional, que cresce e se espalha em nossos pensamentos e emoções como ervas daninhas, é a nossa natureza carnal e pecaminosa tentando crescer através de nós. Ela sufoca tudo o que é bom, mata cada fruto que está crescendo.

Um dos sentimentos que afetam a nossa postura é o desânimo, ele é resultado do cansaço e da falta de esperança. Quando o desânimo chega, desistimos de continuar tentando, agimos como se a batalha já estivesse perdida, como se o nosso propósito não importasse mais. Ele faz o medo da dor se tornar maior do que o nosso desejo pela vitória. Paramos de orar também, talvez exista também uma pequena sensação de que Deus não está muito preocupado em nos abençoar. O desânimo faz você murchar, se curvar ao problema.

A sensação de fracasso também pode ser constante em uma batalha, nos sentimos fracassados a cada golpe que levamos e o medo de perder a luta nos faz imaginar os piores cenários possíveis. A sensação de fracasso é um medo disfarçado de sentença. Você não quer que aquilo aconteça e tem tanto medo que começa a se preparar para não sentir a dor da queda tão forte. O problema é exatamente este: você se prepara para cair, não para vencer, você perde o foco. Essa sensação é resultado da nossa natureza que quer ter resultados rápidos, são poucas pessoas que suportam uma guerra até o final. A nossa falta de satisfação momentânea nos faz pensar que "se nada deu certo até agora, não vai mais dar", acreditando que as coisas devem ser feitas no seu tempo, não no tempo de Deus.

A tristeza é um dos sentimentos mais presentes em uma batalha, porque sempre sentimos dor, sempre vemos quem amamos sofrer, sempre somos machucados e vemos muita coisa se perder. Em alguns momentos a tristeza se disfarça de raiva ou de indiferença, mas ela está ali. A tristeza te fecha para o mundo e para o outro, seu corpo se torna um casulo da sua alma ferida, sem janelas, sem portas, apenas fechado, reflexivo, tentando se defender de algo. Se você for uma pessoa sábia, usará esse momento de tristeza para refletir e se aproximar de Deus, como se estivesse em uma sala particular na sua alma, somente você e Ele. Entretanto, se você agir como a maioria das pessoas, deixará a tristeza te afastar de tudo e de todos, criará suas próprias justificativas para isso e sentirá grande revolta, se tornando uma pessoa rebelde.

Essa rebeldia que te faz querer deixar tudo de lado, nada mais é do que o sentimento de injustiça. Você teve que passar por tantas coisas ruins, teve que ser tão paciente e bom e, ainda assim, parece que de nada adiantou. Você continua sofrendo e tendo que lidar com isso todos os dias, e como se não bastasse, parece que os problemas ficam cada dia piores. Então, na tentativa de ser justo consigo mesmo você decide se afastar e seguir a vida de uma forma mais leve por conta própria, para de esperar em Deus. Em algum momento, percebemos que isso também não basta e tentamos voltar ao centro da vontade dEle, mas esse vai e vem não pode continuar. A pessoa que se sente injustiçada não é firme, porque ela luta sem querer lutar, ela permanece sem querer permanecer, porque ela não encontra justificativa ou sentido para suportar.

A sensação de ser injustiçado sempre está acompanhada do sentimento de desamparo, é aquele pensamento de que "ninguém se importa comigo". Quando estamos assim, esperamos que o outro perceba a nossa fragilidade e se comova com ela, então começamos a reivindicar nossos supostos direitos e esperamos que o outro cumpra com as funções que lhe atribuímos. Você pede compreensão de alguém que não entende, você pede cuidado de quem está tentando sobreviver, você pede força de alguém que é tão fraco quanto você, pede para ser visto por uma pessoa que está cega. Reclamar pelo amor do outro nunca trouxe bons resultados, especialmente porque outra pessoa não tem capacidade de lidar com as tuas questões emocionais. A verdade é que mal temos capacidade de lidar com as nossas próprias questões sem pedir ajuda de um amigo, de um terapeuta ou de Deus. Por vezes, até com ajuda fazemos bobagens. Não é inteligente que você dependa de outra pessoa para ter o que você precisa.

Seu marido ou sua esposa não tem nada a oferecer além da companhia de um pecador. Enquanto você não entender que aquela pessoa é apenas pó, estará depositando esperanças e criando expectativas que serão frustradas. As suas expectativas devem estar em quem consegue supri-las, no próprio Deus, naquEle que é capaz de dar vida ao pó, de fazer carne, ossos e tendões surgirem nele. Enquanto você pedir para outra pessoa aquilo que deveria esperar do Senhor, sentirá raiva, injustiça e sufocamento, simplesmente porque você não vai ganhar nada daquilo que acredita merecer.

Além de pedir, as pessoas querem desabafar ao cônjuge. Jogam suas ansiedades e dores em cima de outra pessoa que mal consegue lidar com as suas próprias, esperando que ela compreenda, aceite a console. Cada vez que você fizer isso, ele não vai lhe dar o que você precisa, você sentirá que o outro lhe virou as costas, que não se importa com você e ficará magoado. Sempre que esperamos o consolo e a compreensão de outra pessoa, invés de Deus, abrimos espaço para a amargura crescer em nosso coração. Então, você começará a sofrer por isso e começará a pedir que Deus cure o seu coração, como se esse sofrimento fosse um ataque do mundo, não uma escolha sua. Neste ponto, não basta pedir cura e milagres, é preciso pedir perdão. Perdão por todas as vezes que você buscou no homem aquilo que deveria buscar em Deus.

Este livro, que agora traz mensagens duras, não tem o objetivo de te culpar ou punir, mas de orientá-lo a seguir o caminho estreito. A correção faz parte da mudança, faz parte do milagre. Deus não lhe dará algo precioso enquanto você não tiver condições de cuidar. A mudança que você quer em seu casamento precisa começar em você. A sua relação com o homem só será boa quando a sua relação com Deus estiver boa, afinal Ele é o Amor que você quer viver.

Já era dito que nós teríamos aflições neste mundo, não há quem não as tenha, o sofrimento chega para os justos e para os injustos, ele viria de qualquer forma, com você perto de Deus ou longe dEle. A diferença de estar com Deus não é a ausência de sofrimento, mas a consequência dele. Os sofrimentos produzem paciência, aprendizados e recompensas para aqueles que servem ao Senhor, mas o sofrimento que vem do mundo gera morte. Sofrer por Deus vale a pena, sofrer somente por si mesmo ou pelo mundo te matará. O mundo não é justo, e precisamos aprender a viver nesse mundo injusto sendo justos, acreditando que aquele que é mais junto que nós fará justiça no momento certo, por sua misericórdia e amor.

As lutas são ferramentas que Deus usa para nos mostrar as nossas próprias falhas, é como se fossem escolas pelas quais precisamos passar ao longo da nossa jornada. Isso não acontece porque há algum prazer em nossa dor, mas porque precisamos estar preparados para receber e cuidar daquilo que pedimos. Sempre que você pedir muito, vai precisar aprender muito também. Por isso, tenha muito cuidado para não ignorar ou mascarar as próprias falhas, isso vai te impedir de crescer, aumentar a tua batalha e retardar o teu resultado. Por mais que o outro tenha te machucado, o teu pensamento deve estar voltado para o que isso revela sobre você. Se você perdeu o controle e gritou ou chorou, não fique pensando em como outro é ruim para você, foque a sua atenção em tentar descobrir o que te tornou tão frágil naquele momento e trabalhe nisso.

Pensamos que somos amados quando as pessoas nos fazem sentir bem e esperamos um amor semelhante de Deus. Porém, nos esquecemos que Ele é um Pai que corrige, já está escrito em Hebreus 12:11 que "Nenhuma disciplina parece ser motivo de alegria no momento, mas sim de tristeza. Mais tarde, porém, produz fruto de justiça e paz para aqueles que por ela foram exercitados.". Quando nos esquecemos que o Amor é algo que instruí, corrige e prepara nos sentimos solitários na batalha. Acreditamos que Deus deveria agir de determinada forma e nos revelar constantemente a presença dEle da forma como achamos mais adequada ao nosso entendimento. Todas as vezes em que eu estava clamando pela presença de Deus durante uma batalha, Ele veio, mas não da forma como eu tinha desenhado em minha mente. Ele veio da forma como eu precisava dEle, não da forma como eu queria. Você pede o que você quer, Deus te dá o que você precisa.

Com o tempo, você descobrirá que ser corrigido é a melhor coisa que poderia ter lhe acontecido, ainda que o processo tenha sido dolorido. É somente com as correções que os frutos de espírito serão desenvolvidos. Se você prestar atenção na Palavra em Gálatas 5, ela fala que os frutos do espírito são caridade, alegria, paz, longanimidade, benignidade, bondade, fé, mansidão e temperança, todos estes frutos são resultados do amadurecimento, todos eles desenvolveremos ao longo da vida. Os frutos não são resultados de milagres instantâneos, mas de processos. Além disso, todos esses frutos juntos garantem uma vida excelente, especialmente dentro do casamento. Para ter um casamento feliz, é preciso conquistar esses frutos, desenvolver essas habilidades.

É nessa busca consciente por amadurecimento em meio às dificuldades que aprendemos a servir. Muitos desses frutos do espírito só podem ser exercidos quando estamos vinculados com outras pessoas. Se você deve ser paciente, será paciente com quem? Se for manso, será manso com quem? Não há como exercer a vontade de Deus isolando-se do outro ou apenas utilizando-o para alcançar seus objetivos. O evangelho é comunhão, a sua vida conjugal também é. O que distingue alguém egoísta de uma pessoa madura no relacionamento é a sua capacidade de servir o outro, invés de sempre querer ser servida.

Seu cônjuge lhe pedirá muitas coisas que você não vai entender ou concordar. Ele vai brigar por coisas que não fazem o menor sentido para você. O seu orgulho lhe dirá "não faça nada há menos que você realmente queira" e "se ele não me convencer, eu não farei". Eu já pensei assim e creio que muitas pessoas ainda pensam desta forma, é um comportamento típico de pessoas que pensam ser muito autossuficientes. Porém, a autossuficiência não é um valor primordial no casamento. É importante que você seja capaz de lidar com os desafios, mas não é interessante que, por ter consciência disso, você aja como se ninguém mais importasse muito. Já atendi mulheres que preferiam carregar muitas sacolas pesadas no supermercado e machucar as mãos simplesmente porque podiam fazer isso, mesmo que o marido estivesse lá se oferecendo para ajudar. Por que é preciso provar para si mesmo o tempo inteiro que você é capaz? Por que não se permite apenas usufruir dos pequenos descansos que o casamento te proporciona?

Agora você pode ter ficado confuso, pensando "ok, você acabou de falar para eu servir e agora está falando de me deixar ser servido...". A pessoa que é autossuficiente também espera que os outros o sejam, ela pensa "eu cuido do meu e você do seu". Quanto mais autossuficiente você for, menos vai entender o que é cooperação! Essa visão te fará negligenciar pontos cruciais do relacionamento e se tornar ausente para o seu parceiro. Quando você aceita pequenos mimos, estará disposto a dar pequenos mimos ao outro também, então aquelas coisas idiotas ou incompreensíveis que o outro pede começarão a ter algum sentido para você.

Nenhum casamento pode ser bom sem que os dois sirvam um ao outro, é por isso que você precisa deixar o cônjuge te servir e servir a ele também, mesmo que você precise ser a primeira pessoa a começar a servir e a ceder. É essa sincronia que torna o casal mais íntimo e conectado. É neste momento que a caridade, alegria, paz, longanimidade, benignidade, bondade, fé, mansidão começam a se tornar presentes no casamento. Ao servir, você tira a sua felicidade do foco e começa a caminhar em direção a um relacionamento mais harmonioso.

Quando queremos alcançar algo, instintivamente nos aproximamos das coisas que tornam nosso sonho mais concreto ou mais próximo, buscamos livros, discursos, músicas e lugares que apoiam a nossa visão. Porém, existe uma falha comum nesse processo, que não é sobre como fazemos, mas sobre para que fazemos. Às vezes, temos excelentes motivos para querer o que queremos e estamos lutando e pedindo por coisas básicas, como respeito, cuidado e apoio, porém o objetivo de receber tudo isso é equivocado.

A nossa sociedade atual tem aprendido que a maior conquista é a felicidade, então se casam para serem felizes, se relacionam para obter prazer e bem-estar, para suprir suas necessidades de companhia e atenção. Como já mencionei anteriormente, o casamento é uma instituição criada por Deus e para Deus, não para a sua felicidade. É claro que a sua felicidade importa, mas você erra quando a coloca como o centro do seu relacionamento. O casamento deve glorificar a Deus, as suas ações devem ser direcionadas para glorificar a Deus e cada vez que você abandonar esse princípio para seguir somente o teu bem-estar estará agindo de maneira egocêntrica. Vou explicar melhor: Quando você glorifica a Deus, prepara a tua casa e a tua família para viver em glória e misericórdia, porque toda bênção é compartilhada com o nosso próximo, mas quando você olha somente para si, coloca seu marido a posição de ferramenta para alcançar a sua satisfação pessoal. Sempre que você se torna egocêntrico, objetifica as pessoas ao seu redor.

A nossa tendência de atacar ou se defender, diz de um foco egocêntrico já mencionado anteriormente. Este foco no próprio bem-estar e nos próprios direitos nos faz caminhar em direção a um casamento que nos supra em diversos aspectos. Sempre que não o alcançamos, sentimos como se alguém tivesse roubado de nós aquilo que acreditamos merecer. Essa é uma crença vaidosa que nos afasta do outro e da essência mais profunda do casamento. Querer ser servido é o início do divórcio. Esperar que o outro te compreenda, supra as tuas necessidades, te coloque sempre em primeiro lugar e abrace todas as tuas feridas, parece ser algo justo, mas é uma contradição quando se trata de casamento. Todas essas atitudes que você espera do outro são consequências, não objetivos. Quando tratamos as consequências como se fossem objetivos, perdemos a visão do percurso que devemos seguir, sem saber qual é o caminho também perdemos o rumo e já não sabemos mais por onde andar.

Estar focado no objetivo nem sempre é fácil, afinal temos desejos e necessidades emocionais que gritam o tempo inteiro. É por reconhecer que você não é um super-homem ou uma supermulher, que precisamos ter ao nosso alcance coisas que nos lembrem do nosso propósito e nos fortaleçam quando quisermos desistir. Se empenhe em focar no que te aproxima do propósito e se afastar do que te afasta dele.

As pessoas com quem você se envolve também podem te impedir de ter a postura correta. Se cerque de pessoas que compreendem pelo que você está lutando, que tenham a mesma visão que você tem, especialmente de pessoas que sejam mais maduras e experientes que você. Os relacionamentos certos te fortalecem e te fazem crescer, ao contrário das más companhias, que corrompem os bons costumes (1 Coríntios 15:33). Esquadrinhe o seu círculo social e avalie que tipo de conselhos tem recebido, que tipos de exemplos você tem testemunhado no seu cotidiano. Você tem capacidade de ser independente e pensar por si só, mas nadar contra a maré torna o caminho muito mais difícil, talvez seja o momento de escolher melhor em quais convívios você irá mergulhar.

Quando o seu coração e os teus desejos estiverem mais firmes e orientados, conseguirá direcionar corretamente a sua energia dentro do casamento. Isso significa que você será menos impulsivo e terá mais confiança em suas ações, agindo por planejamento, não por desespero ou ansiedade.

Você é uma pessoa estratégica e tem capacidade de conquistar as coisas que deseja, mas quando está ansiosa nem sabe o que deve desejar, fica apenas apressada para encerrar logo uma situação difícil. Esse sentimento vem do nosso instinto natural de sobrevivência, queremos estar no controle para garantir que tudo ficará bem e é assim que começamos a tentar controlar as discussões, o que o outro faz e até o que ele pensa. A mente se volta para ganhar a disputa. Invés de pensar em ganhar ou ter razão, se concentre em entender o problema. A maioria das pessoas que buscam terapia de casal estão lá para aprender a entender os problemas e quando aprendem a fazer isso, dificilmente precisarão fazer terapia de casal novamente.

A capacidade de entender os problemas é uma habilidade que o casal adquire e só é possível adquirir habilidades quando nos exercitamos nela. Se pensarmos nisso como um exercício, podemos entender também que exercícios cansam e demandam tempo, é por isso que enquanto você estiver preocupado em ter razão se sentirá sempre indisposto para avaliar o que realmente está acontecendo no seu casamento. Não há como pensar em algo e olhar para algo enquanto caminha em outra direção, seus pés sempre seguirão a sua atenção. Você precisa se esforçar para enxergar e pensar de acordo com o seu propósito, somente assim poderá alcançá-lo.

A forma como você vê seu cônjuge também se encaixa nesse padrão. Se você foca o seu olhar nos pontos negativos, nas coisas que ele fez ou que deixou de fazer, estará direcionando os seus passos para um relacionamento assim, é desta forma que os relacionamentos entram em ciclos viciosos. O objetivo jamais será viver como se nada estivesse errado, não há pedido aqui para que finja estar vivendo algo maravilhoso enquanto está sofrendo. A questão é onde está o seu foco, no que você está gastando mais energia. Olhe para seu parceiro como um canal de benção para a sua vida e procure entender como você pode extrair o melhor dele, focando nas qualidades não nos pontos negativos. Conforme você for reagindo aos pontos positivos, ele se doará mais, pois saberá para qual lado ir.

Perceba que quando você reclama sempre, tudo o que o outro faz parece ser errado e insuficiente. Entretanto, se você começa a apontar as qualidades, ele saberá o que te satisfaz e como o relacionamento pode melhorar dentro das capacidades que tem. Ele perceberá que consegue te fazer feliz, que consegue ser suficiente para você com alguns esforços. Ele perceberá a harmonia crescendo do relacionamento e isso o motivará a melhorar.

Você deve ter percebido que chegou para ler este livro sem ter noção de como agir, agora se deu conta de que há um mundo de coisas que você poderá fazer pelo seu relacionamento. É assim que Deus trabalha com a gente, orientando, esclarecendo, fortalecendo e nos capacitando a agir da forma correta. No versículo 9 do capítulo 37, Ezequiel nos conta que o Senhor pediu para ele ordenar que o vento soprasse dentro dos mortos para que eles voltassem à vida. É claro que o próprio Criador poderia ter feito isso, por que pediu que o profeta o fizesse? Era importante que as palavras saíssem da boca do homem.

Sua arma secreta

Nesse frenesi emocional para tentar conquistar aquele relacionamento ideal, é comum se perder em meio a ansiedade, que nada mais é do que o desejo de resolver o problema o mais rápido possível usando os seus próprios meios. Esse comportamento que parece justificável, repercute em consequências importantes, sendo uma delas o atraso do seu progresso. Quando ficamos ansiosos e queremos resolver tudo da nossa própria forma, é como se estivéssemos tirando o problema das mãos de Deus. Oramos para que Deus tenha o controle, faça as coisas do modo dEle e no tempo dEle, mas na primeira oportunidade que temos, metemos a mão na obra de Deus e tentamos mudar tudo. Ansiedade é um sentimento natural, mas a sua forma de lidar com ela pode apontar para a sua falta de fé na obra de Deus. Esses sentimentos devem ser colocados diante de Deus, para que Ele possa te fortalecer, curar e usar todas essas as coisas ao teu favor.

Buscando alívio em meio a nossa ansiedade e frustração, caímos em um pecado que pode destruir reinos. Esse pecado é o mau uso da língua, ou seja, falar demais, murmurar, amaldiçoar, mentir... Quando estamos insatisfeitos, falamos muito. Falamos para desabafar, para tentar entender o que aconteceu, para justificar circunstâncias e atos, para convencer pessoas e barganhar com Deus, falamos, falamos e falamos. Em meu consultório, eu posso medir o nível de gravidade de alguns problemas de acordo com o quanto algumas pessoas falam. A fala entrega tudo! Em provérbios 17:28 o rei Salomão escreveu que "até o tolo, quando se cala, é reputado por sábio; e o que cerra os seus lábios é tido por entendido.". A pessoa que fala demais, no menor dos problemas, se expõe demais e se perde nos próprios pensamentos. Por isso, um dos maiores desafios das pessoas casadas em crise é segurar a língua,

Se seu casamento está aos pedaços, você já sabe que muito do que aconteceu é resultado de palavras que foram ditas. Palavras duras, ofensivas, talvez ameaças e críticas severas. Palavras erradas ou palavras certas na hora errada. Provavelmente, uma boa parte das mágoas que sente hoje nasceram de palavras que você ouviu. Você não pode mudar o que aconteceu, mas pode decidir que vai fazer diferente a partir de hoje. Não permita que nenhuma palavra destrutiva saia da sua boca a partir deste momento, só você tem poder para decidir isso e fazer.

Aquilo que você fala te orienta e também pode orientar as coisas que acontecem ao seu redor. Em Tiago 3:3 está escrito que "quando colocamos freios na boca dos cavalos para que eles nos obedeçam, podemos controlar o animal todo". Talvez esse seja o momento de você começar a colocar freios na sua própria boca, não para ficar calado, mas para filtrar aquilo que você tem falado. Controlar o que fala não é apenas se calar para algumas coisas, mas começar a falar de coisas que antes você também não falava. Quando você decide mudar, precisa calar o que te faz mal e abrir a boca para falar o que vai te elevar.

Tiago fala que uma boca não pode falar benção e maldição, pois de uma fonte não pode jorrar dois tipos de água, ela pode jorrar água salgada ou doce, mas não as duas ao mesmo tempo. Você precisa fazer uma escolha: Qual tipo de água a sua fonte vai jorrar? Que tipos de palavras estão saindo da sua boca hoje? No casamento, em momentos de crise, ficamos tão focados em controlar as situações que nos esquecemos de controlar a nossa própria língua, como se ela fosse menos importante do que é. Nos esquecemos que ela pode ser a causa de tudo.

Controlar a língua é exercitar os frutos do espírito santo, é domínio próprio. Este domínio próprio tem como consequência o alcance de outros frutos, como a mansidão e a benignidade, por exemplo. Não há prejuízos em buscar isso, pois você se torna muito mais consciente das coisas que está plantando. Quem consegue controlar o que fala, consegue controlar todo o seu corpo, já dizia Tiago no capítulo 3. Isso não significa amordaçar a sua expressão, mas direcioná-la para quem consegue lidar com ela, para o lugar apropriado, em sua oração, com seu psicólogo, com seu pastor, com um amigo ouvinte. Porém, lembre-se de que uma briga com o cônjuge não é apropriada, nas murmurações do dia a dia também não. Haverá momentos em que você precisará desabafar, falar sobre seus sentimentos mais infelizes e ansiedades, escolha o momento e a pessoa certa para lhe ouvir.

Agora você pode estar pensando que tudo o que eu lhe contei é muito bonito, mas que no momento da briga, no momento em que você está sendo humilhado e machucado, fazer isso parece ser impossível. Algumas vezes, nossas palavras parecem ser nosso único escudo, nossa única forma de defesa. Se você está se sentindo vulnerável neste momento, é muito importante lembrar-se que para ficar firme é preciso vestir a armadura de Deus, a qual tem como escudo a fé. Quando você entende quem Deus é e o que Ele tem para você, você para de tentar se defender e deixa que Ele te defenda. A sua fé nEle é a sua defesa. Quando você se defende com suas próprias forças, gasta muito da sua energia com isso, invés de gastá-la com coisas que irão te ajudar mais. Os seus pensamentos não devem estar direcionados para as coisas naturais, mas para o Reino de Deus, afinal é somente através d'Ele que você conseguirá todas as outras coisas.

Ser inteligente neste ponto significa reconhecer quais armas estão em suas mãos e direcionar a sua atenção para as coisas que estão sob a sua responsabilidade, sem tentar manipular a situação para satisfazer a tua ansiedade. Quando você começa a agir de forma prudente, seu parceiro verá a sua mudança de comportamento e tenderá a mudar também. Se antes você era visto como uma pessoa chata, controladora, reclamona, será notado como alguém seguro de si e, consequentemente, confiável. Esse é processo de mudança essencial para a transformação do relacionamento. O cônjuge precisa ver mudanças a curto, médio e longo prazo, somente desta forma entenderá que uma mudança verdadeira e profunda está acontecendo.

Para que você permaneça firme nesta postura, precisa se fortalecer pessoalmente. Um grande erro das pessoas que querem salvar seus casamentos é focar todas as suas energias na relação e esquecer de si mesmas. Esse comportamento cria uma espécie de obsessão, cada coisa errada que acontece na relação parece ser o fim do mundo e o outro te verá cada vez mais instável. Em alguns momentos, pode parecer que você está agindo como um louco, a impulsividade criada pelo desespero te afastará ainda mais do seu sonho de ter um casamento forte e bom. Por isso, é muito importante reservar tempo para o seu próprio desenvolvimento físico, emocional e espiritual.

Não há como reavivar um casamento sem a autovigilância e sem o crescimento pessoal. Para o seu casamento mudar, você precisa mudar e isso é algo inegociável. Para você mudar, precisa mudar as coisas que saem da sua boca, lembre-se de Tiago 3:3. O que você fala pode trazer vida e cura ou morte e machucados, você tem uma escolha a fazer e isso diz apenas da sua conduta, não do que o outro fez ou disse para você. A responsabilidade do que você fala é 100% sua e as consequências dela também.

É muito comum a justificativa de que você falou coisas ruins porque o outro te tratou mal, mas as consequências de você ter falado coisas ruins vão chegar para você independente dos motivos de você ter feito isso. Você vai colher aquilo que plantou, independente do motivo pelo qual plantou. Ainda que isso possa parecer injusto, é uma lei que te alerta e te leva a desejar a mudança pessoal. Se você entender isso e realmente se esforçar, conquistará mais controle sobre o seu plantio. A impulsividade não precisa de esforço, mas lhe rouba o futuro que gostaria de ter. Você pode pensar que se sacrifica quando se cala, mas está sacrificando todo o seu futuro quando fala demais. Pelo que vale a pena se sacrificar? Quando Ezequiel profetizou (capítulo 37, versículo 9), ele tinha completa consciência de que as suas palavras não se perderiam no vento, mas seriam fonte de transformação. É desta consciência que você precisa.

Comece a resgatar

Quando Ezequiel profetizou, segundo o que Deus lhe ordenou, ele viu os ossos ganhando vida e se tornando um exército. Quando o profeta falou, quando ele usou o poder da sua língua, o espírito entrou neles e viveram novamente. O espírito não apenas tocou neles, não apenas passou por eles, mas entrou neles. Isso significa que o espírito pretende permanecer ali, agora o espírito faz parte deles. Você precisa entender que quando você começar a falar as coisas certas e a agir da maneira certa, Deus vai fazer parte desta transformação, Ele estará presente ali, agindo e entregando mais vida o tempo inteiro, abundantemente.

Se você ler o versículo 11 do capítulo 37, verá que os ossos passaram a ter vida, mas ainda estavam sepultados. No versículo está escrito "Então me disse *(o Senhor disse a Ezequiel)*: Filho do homem, estes ossos são de toda a casa de Israel. Eis que dizem *(os ossos dizem)*: Os nossos ossos se secaram, e pereceu a nossa esperança; nós mesmos estamos cortados.". Perceba que mesmo após terem ganhado vida, eles se sentiam secos e sem esperança.

Quando cheguei neste versículo e pedi para Deus me explicar o que Ele queria nos dizer, eu entendi por que a palavra "secos" foi repetida tantas vezes nessa história, porque Jesus queria dar tanta ênfase a ela. Além disso, mesmo após ganhar vida, aqueles ossos estavam sendo tratados como ossos, não como pessoas ou almas. O que tudo isso significa? Aqui temos uma grande revelação acerca dos ossos, o que parecia ser uma cena de guerra, que imaginamos ter sido causada entre homens, nada mais era do que Deus cortando um povo desobediente da sua presença.

Esta parte da história me lembra que Jesus afirmou em Mateus 7:19 que toda árvore que não produz bons frutos será cortada e lançada ao fogo. Os ossos foram cortados e lançados ao fogo, por isso estavam secos. Isso aconteceu porque eles decidiram viver uma vida ignorando a presença de Deus e desobedecendo os seus mandamentos. O cenário de guerra retratado no início deste livro, não se trata de uma guerra contra inimigos externos, mas é a guerra que vocês perderam para si próprios. Toda vida vem de Deus e toda morte vem de uma vida sem Deus. Não haverá nada em sua vida que sobreviva sem a presença de Deus, nem mesmo o seu casamento. Sempre que você escolher viver algo somente para o teu bem-estar, de forma antropocêntrica, egoísta e mesquinha, estará condenando aquilo a ser cortado e lançado ao fogo.

Talvez você possa estar pensando que não foi nada disso que aconteceu, que os problemas foram causados por erros imperdoáveis de pessoas e que não há nada de espiritual aí. Em Mateus 18:18, Jesus afirma que tudo o que é ligado na terra é ligado no céu, ou seja, tudo é espiritual. Tudo o que você fizer, falar e acreditar terão fortes influências sobre o teu casamento. Você pode ser uma pessoa de fé há muitos anos, mas se estiver agindo de acordo com seus sentimentos, com a conduta errada, se não estiver vivendo pela fé é uma árvore que não produz bons frutos. Além disso, o que é prático do cotidiano define o próximo passo, mas o espiritual define qual será o teu fim, não há meio termos, é sim ou não, céu ou inferno, vida ou morte. Os seus frutos definirão se você florescerá ou se será cortado.

Depois de ler todos esses capítulos, você pode ter pensado "caramba, como posso ter errado tanto assim sem perceber?". A verdade é que você percebia, porém tinha ótimas justificativas para proteger seus erros. Ossos secos também sabiam, eles mesmos falavam para Deus qual era o motivo da sua morte. Quando você pergunta a Deus "por que, Senhor?", e Ele não te responde, é porque você já sabe o motivo. Em nenhum momento desta palavra Deus contou a Ezequiel o motivo dos ossos estarem secos, foram os próprios ossos que falaram assim que conseguiram recuperar a consciência por meio do espírito. Quanto mais próximo de Deus você estiver, mais consciência terá dos seus próprios erros, Ele não precisará te explicar nada.

Até então os ossos secos, ainda chamados de ossos, estavam em suas sepulturas, mesmo que vivos não podiam mudar a sua situação. Após os ossos se darem conta do que haviam feito, o Senhor disse a Ezequiel (Ez 37:12) "Portanto profetiza, e dize-lhes: Assim diz o Senhor DEUS: Eis que eu abrirei os vossos sepulcros, e vos farei subir das vossas sepulturas, ó povo meu, e vos trarei à terra de Israel.". O povo só saiu do sepulcro e pode viver livremente quando reconheceu as suas falhas. Se você não reconhecer suas falhas, não terá condições para mudar. Se não reconhecer as falhas do seu casamento, não saberá pelo que orar.

Eles estavam enterrados como os talentos da parábola apresentada em Mateus 25, que conta a história de um homem que saiu de viagem e confiou aos seus servos os seus talentos (moedas da época). Dois servos investiram e multiplicaram o dinheiro, enquanto outro enterrou por medo de perdê-lo. Essa parábola explica que quando Jesus não estiver mais nesta terra, caberá aos seus fiéis multiplicar as suas obras. Os talentos representam dons, chamados, missões que recebemos de Deus. Os ossos secos eram, também, talentos enterrados, missões não cumpridas, dons ignorados, sonhos engavetados. Quando Deus avivar o seu casamento, Ele vai avivar tudo isso junto. Por isso, você precisa entender que não é só por você, só pelo teu sonho pessoal, pela tua felicidade... É por tudo o que Deus planejou através da tua vida e do teu casamento.

Mas não se engane pensando que são apenas nossos erros e nossa língua que matam a vida que há em seu futuro e em seu casamento. A sua mentalidade também faz isso, ela começa a matar antes mesmo de você começar a agir de forma errada. Quando temos desesperança e alimentamos todas as descrenças a respeito de uma mudança real e profunda, estamos matando a última centelha que podia aquecer o nosso coração e nos motivar a prosseguir. Cada vez que você olhar para as circunstâncias invés de olhar para cima, estará fazendo a sepultura do seu casamento.

A parábola da Figueira estéril escrita em Lucas 13 pode representar bem a mensagem que quero lhe trazer agora. Esta parábola conta a história de homem que tinha uma figueira plantada, ele procurou por frutos nela, mas não encontrou. Então, ele disse para seu funcionário que a cortasse por ser inútil. O funcionário pediu permissão para escavar e adubar por mais um ano, para ver se assim ela daria algum fruto. Enquanto você olha para o seu relacionamento vendo-o como algo inútil, querendo cortá-lo da sua vida, Aquele que sabe cuidar lhe diz "deixe que eu cuide dele por algum tempo, assim você verá como ele pode frutificar".

CAPÍTULO 5

Quando tudo mudar

Há ações que dependem de você e há ações que dependem somente de Deus, para o que depende dEle, Deus lhe diz o seguinte em Ezequiel 37:13: "E sabereis que eu sou o Senhor, quando eu abrir os vossos sepulcros, e vos fizer subir das vossas sepulturas, ó povo meu.". Deus diz que abrirá o sepulcro e fazer daqueles que estavam aprisionados livres novamente. Mas antes desta declaração, Ele disse: "E sabereis que Eu sou o Senhor". O que mais importa para Deus é que você saiba quem Ele é, que você reconheça a glória, o poder, o amor e a graça dEle. Esta luta não é travada apenas pelo seu casamento, mas para conquistar o teu coração. Deus não está preocupado apenas com a história de amor que você construirá com outra pessoa, mas com a história de amor que você está construindo com Ele.

Abrir os sepulcros é o início do alívio e da libertação. Imagina que você está em um local totalmente escuro, úmido e quente, sozinho. Você não consegue abri-lo por dentro e sair, já tentou de tudo e apenas se cansou. Quando alguém vem de fora e abre, você sente alívio, vê a luz do dia e pode respirar novamente. Muitas pessoas que atendi em psicoterapia, me relataram sentir sufocamento em momentos de crise emocional, esse é o sepulcro delas. Outras se viram sem saída, incapazes de mudar, presas em circunstâncias que só as faziam sofrer. Os sepulcros têm várias faces e você pode sentir que está em um agora, mas o Senhor diz que abrirá os vossos sepulcros.

A frustração de muitos fiéis é que, da mesma forma que eles sabem que Deus abrirá os sepulcros, não sabem quando Deus fará isso. A Palavra diz "quando eu abrir os vossos sepulcros", ou seja, Deus não lhe deu nenhuma previsão. pode ser amanhã ou daqui 20 anos. Só Deus sabe quando fará isso e não tem nenhuma obrigação de te contar o dia. É aí que muitas pessoas desanimam e caem. Em 2 Pedro 3:9 está escrito que "O Senhor não demora em cumprir a sua promessa, como julgam alguns.". O tempo de Deus é exato, porque as promessas são cumpridas no tempo apropriado, mas podemos pensar que ela está demorando, "como julgam alguns", porque estamos passando por tribulações que nos fazem sofrer. Todo sofrimento gera pressa, só queremos que ele acabe e isso nos cega. Quanto mais emocionais estamos, menos racionais ficamos. O desespero nos faz perder a nossa capacidade analítica, então vemos e pensamos somente aquilo que alimenta os nossos desejos ou os nossos medos. Se aproximar de Deus e aceitar o tempo dEle, te trará um novo equilíbrio.

O tempo de Deus é necessário por dois motivos. Primeiro porque ele te prepara para receber aquilo que você deseja. Deus não te dará um bom casamento para você agir de forma imatura e jogá-lo fora. Ele vai te ensinar a ser um bom cônjuge para que você realmente mereça e cuide deste relacionamento. Segundo, esperar o tempo de Deus é um teste de fé, não para que o Senhor saiba o tamanho da sua fé, porque Ele já sabe, mas para que você saiba e também entenda as consequências de não ter uma fé fortalecida.

Ele não diz quando a sepultura será aberta, nem quando os fará subir dela, porque a fé consiste em acreditar naquilo que não podemos ver, como está escrito em hebreus 11:1. Deus espera de você uma fé verdadeira, uma confiança genuína e pura. A pessoa de fé é aquela que suporta a espera louvando a Deus, acreditando no que Ele prometeu. Se você quer ter fé, precisa entender isso. A fé se manifesta exatamente nos momentos de maiores batalhas e não tem a ver somente com teus momentos de oração, mas na forma como você escolhe viver o seu dia assim que acorda.

Enquanto você espera e sofre, Deus estará contigo. Não pense que Ele está lá no céu se divertindo com a tua dor ou não sendo tocado pelo teu sofrimento, Ele não é um sádico, é teu pai. Enquanto você confia e espera, o Senhor estará agindo na sua vida, mesmo que você não veja. Além de estar preparando tudo para o dia do seu milagre, Ele ensina, consola e anima. Antes de subir aos céus, Jesus Cristo afirmou em João 14 que Deus nos enviará o Espírito Consolador que nos fará lembrar de todas as promessas e ensinamentos, assim teremos ânimo para seguir em frente. Durante esse processo doloroso, você não foi esquecido, está sendo fortalecido, ensinado e consolado, até que o grande dia venha. Por isso, confie nesse Amor, confie no tempo dEle.

Das coisas que consiste a Deus realizar, e não a você, te elevar e elevar o teu casamento é uma delas. Enquanto você obedece, Deus honra. Por isso, pare de buscar valorização do outro, isso não é você que vai fazer, mas o Senhor abrirá os olhos dele(a) para ver, no momento certo, tudo o que você fez pelo relacionamento. Deus te elevará, isso não é algo que você pode fazer. Quando Deus ordena que Ezequiel diga aos ossos que os fará subir dos sepulcros (Ezequiel 37:13), Ele está dizendo que eles estarão visíveis, pois na sepultura estavam escondidos, essa é a forma de Deus mostrar que uma das consequências do avivamento é ser testemunha dEle, a transformação será exaltada para a glória do Senhor. Tudo o que você faz no secreto, quando você orou, quando você controlou suas emoções, quando você mudou, quando você se esforçou, todas essas coisas virão para a luz, serão elevadas e haverá honra para ti. O teu esforço não será esquecido, mesmo que hoje pareça invisível.

A lei da colheita não falha, tampouco a aliança de graça que Deus fez conosco. Em 2 Coríntios 9, a partir do versículo 6, o apóstolo Paulo fala sobre como isso funciona. Primeiro, ele escreve que quem planta muito, colhe muito e quem planta pouco, colhe pouco. Ou seja, o seu esforço tem um imenso valor, a justiça divina é real, ela pode te exaltar ou te humilhar, o resultado depende do que você está plantando neste exato momento. Por um tempo, pause a sua leitura e pense em tudo o que você já plantou no seu relacionamento, coisas boas e ruins. Talvez, no passado, você não tinha discernimento a respeito disso e, mesmo com boas intenções, tomou decisões erradas, hoje você colhe dor. Colher não é opcional, você vai ter que passar por isso. A boa notícia é que a partir deste momento, você pode começar um novo plantio, regado de temor, obediência e amor. E quando você sentir que não pode mais regar, que está sem forças para continuar, Deus derramará a sua chuva de misericórdia e graça quando você clamar.

O apóstolo Paulo, neste mesmo livro e capítulo, escreveu que Deus pode dar muito mais do que precisamos, para que sempre tenhamos tudo o que necessitamos e o necessário para fazer todo tipo de boas obras. Além do Senhor sustentar o nosso plantio, Ele ainda o prospera e multiplica e, além de prosperar e multiplicar, Ele garante que o próximo plantio seja bom também. Hoje você está colhendo espinhos que machucam suas mãos, mas esses machucados estão deixando suas mãos mais fortes para que você continue plantando boas obras. Nada passa despercebido por Deus, até mesmo os espinhos que ferem são usados para o bem daqueles que O amam. Afinal, Cristo também teve que lidar com espinhos, espinhos que se transformaram em uma coroa e declararam ao mundo que Ele é o Salvador, o teu Salvador.

É pessoal

No versículo 14 de Ezequiel 37, o Senhor fala que porá o seu espírito nos ossos secos e eles viverão. Repare que esta é a terceira vez que o Senhor fala do Espírito. Se Ele falou e repetiu, é porque isso é algo importante. Deus está deixando claro aqui que o Espírito se retirou deles, porque esses ossos são o povo de Deus. Nos versículos 12 e 13 Ele disse "ó povo meu", no versículo 11 está escrito que é "toda a casa de Israel". Deus conhece essas pessoas e essas pessoas também O conhecem, são os filhos de Deus que se afastaram da vontade e do espírito dEle.

Infelizmente, muitas pessoas só conseguem ter intimidade com Deus em momentos de aflição, pois se esquecem de Deus quando a alegria impera. Ficam tão confortáveis com suas vidas, que deixam o mundo tomar um espaço que era de Deus, se tornam preguiçosas para estudar e orar, passam a não dar mais valor para a presença e para a proteção de Deus. O colocam o Senhor em segundo, terceiro e quarto lugar, até que o Espírito os abandone. Sim, o Espírito Santo abandona, mas somente quando é abandonado primeiro. Enquanto houver clamor, Ele estará contigo. Quando Ele se afasta, a vida acaba, a morte chega e os ossos ficam secos.

Aqui, Deus não está falando com estranhos, mas com o povo dEle! O povo que Ele ama e que Ele quer cuidar. Se você é povo de Deus, Ele vai te buscar na sepultura, mesmo que tudo o que lhe restou seja apenas ossos. O Senhor, meu Pai e meu Amado, não abandona nem mesmo os ossos dos filhos dEle. E quando esses ossos receberem novamente o Espírito de Deus e tornarem a viver, a Palavra diz em Ezequiel 37:14 que Ele os porá em sua terra. O povo de Deus tem identidade, tem um pai e tem a sua própria terra. Há um lugar que é pra ti, que é para o teu casamento, para a tua vida e Deus quer te levar até lá. Ele vai te pôr ali. Você pode ter planejado onde quer chegar, mas é momento de abrir mão dos teus planos e deixar que Deus os leve para onde Ele quer. É importante seguir os passos dEle e obedecer, porque você pode estar indo para o lugar contrários ao de Deus, Ele vai levá-los onde poderão frutificar e somente Ele sabe que lugar é esse e como vocês devem chegar lá. Confie.

E para finalizar o versículo 14, está escrito "e sabereis que eu, o SENHOR, disse isto, e o fiz, diz o SENHOR". Na maioria das traduções bíblicas, quando a palavra "senhor" está escrita em letras maiúsculas, significa que o autor do original escreveu literalmente o nome de Deus. Quando apenas a primeira letra,"s", está em maiúsculo, significa que era realmente a palavra "senhor" que estava escrita (em hebraico ou grego). Isso significa que no versículo 14 o SENHOR que falar com você de forma pessoal e direta. Ele se apresentou, duas vezes, deixando claro que era Ele quem estava falando e afirmando com veemência que Ele disse e fez. Ou seja, Ele, o seu Deus, te disse de forma pessoal e direta que Ele cumpre o que promete. Quando Deus te fala algo, Ele se compromete contigo. As palavras dEle não são vazias e sem importância, porque quando Ele fala certamente cumprirá. A sua vida e o seu casamento importam para Deus e Ele está comprometido com isso, Ele vai cuidar de tudo. Ele não quer apenas te dar um casamento legal dentro do roteiro ideal que você imaginou, Ele vai te levar por caminhos desconhecidos, provar a tua fé, te ensinar e te surpreender.

Ainda não acabou

Essa é uma parte do livro que eu não planejei escrever, acreditei que eu o tinha terminado no subcapítulo anterior e confesso que eu sentia falta de algo mais, ele ainda parecia incompleto. O plano inicial, era escrever até o versículo 14 de Ezequiel 37, porém o Senhor, em sua grandeza e perfeição, guiou os meus olhos e o meu atendimento para o *Grand finale*. Afinal, tudo o que vem dEle é completo!

Enquanto eu lia os versículos seguintes, meu coração vibrava em meu peito e eu sentia o Espírito Santo gritar "É ISSO! É ISSO! FALA ISSO!". Leia o que o Senhor tem para te falar, sem duvidar nem por um segundo de que isso vem dEle e é para ti.

Depois que toda a visão que Deus deu a Ezequiel terminou, o Senhor continuou falando com ele. O

Senhor pediu, a partir do versículo 16, que o profeta pagasse dois pedaços de madeira: um pedaço representava o povo de Judá e outro pedaço representava o povo de Israel. Depois disso, o profeta deve juntar os dois pedaços da madeira, para que se tornassem uma só vara em sua mão.

Na época em que Ezequiel viveu isso, o povo de Israel estava dividido entre o Reino do Norte e o Reino do Sul. Eles se dividiram após a morte do rei Salomão, por causa de divergências políticas. Dez tribos se uniram no Norte e formaram o Reino de Israel, duas tribos se uniram no Sul e formaram o Reino de Judá. Quando Deus deu a visão para Ezequiel, Ele estava afirmando que havia morte espiritual no meio do povo, por causa de todo o pecado que haviam praticado até então. Deus queria mudar esse cenário, fazendo o Seu povo voltar a viver com Ele, por isso mostrou a Ezequiel o milagre da vida acontecendo por meio da visão que analisamos neste livro. Porém, para Deus, não bastava apenas viver. Deus queria união, a união completa que Ele planejou desde o início da criação deste povo.

Quando o pecado entra no meio do povo, ou no nosso casamento, aquilo que era unido começa a se dividir. O que antes estava completo, pleno, se torna morto pois foi partido ao meio. Entretanto, o Senhor não espera uma união superficial, Ele planejou que ambos sejam uma só carne, uma só vara, um só corpo, um só povo. Se você sente que seu casamento está despedaçado, você está pela metade. Não existe individualismo nos planos de Deus, porque não é bom que o homem esteja só. Entenda que você não pode ser inteiro sozinho.

Deus diz que transformará essas duas nações em uma só vara. A vara representa autoridade, é um cajado, utilizado pelos líderes. Quem tem a vara, tem a autoridade e o poder de tomar decisões. É como se fosse a coroa de um rei. O Senhor fala, em Ezequiel 37:19, que vai tirar a vara da mão dos homens e segurar Ele mesmo. Ele diz "*[...] e farei delas uma só vara, e elas se farão uma só na <u>minha</u> mão*". Para que vocês sejam um só, precisam entregar a autoridade e o controle nas mãos de Deus, vocês só podem ser um só se estiverem na mão dEle. Porque, cada vez que vocês resolvem tomar o controle, pecam e se dividem. Cada vez que você tentar viver o casamento, que foi criado por Deus e para Deus, do seu jeito, ignorando a vontade dEle, haverá separação e morte, porque a vida vem do Espírito de Deus, não do teu conhecimento, das tuas emoções ou justificativas.

Colocar o casamento nas mãos de Deus, não se resume a orar e dizer "Senhor, eu coloco nas tuas mãos". Muito mais que isso, é viver esse casamento de acordo com as regras de Deus, obedecendo e fazendo aquilo que Ele lhe disse para fazer durante todos os dias da tua vida. Cada vez que você decide não obedecer, está tirando a vara das mãos de Deus, e a dividindo novamente.

Outra promessa maravilhosa do Senhor, no versículo 21, é que Ele disse que resgataria o seu povo onde quer que estivesse e o levaria para a sua terra. Não importa onde o seu cônjuge esteja agora, Deus tem poder para alcançá-lo e trazê-lo de volta. Não importa o quão longe emocionalmente vocês estão agora, Ele tem poder para unir novamente. O Senhor é um Deus que resgata! Não há limites para Ele. Ele vai onde for preciso, porque absolutamente nada pode se esconder do olhar ou da mão dEle. Não importa quanto tempo tenha se passado, Ele nunca chega atrasado. Nada pode O parar.

O Senhor deixa claro ao povo que há uma terra preparada para eles. Há um ambiente, um lugar, esperando por vocês e somente Deus pode levá-los até lá. Neste lugar, a presença dEle habita e Ele promete que nunca mais serão duas nações, nunca mais no futuro se dividirão novamente, nunca mais se contaminarão com seus ídolos, nem com abominações, nem com transgressões e Ele os livrará de todo lugar onde pecaram e os purificará. Vocês serão o povo dEle e Ele será o vosso Deus (Ezequiel 37:21:23).

Vocês não têm apenas a garantia de um avivamento, vocês têm a garantia de um futuro, no melhor lugar que vocês poderiam estar, que é na presença de Deus. Não jogue isso fora, não desperdice suas lágrimas, suas batalhas, não desista. Aprenda com Ezequiel, deixe que o Espírito Santo seja seu professor, ouça a voz de Deus e tenha coragem. Ainda que tudo pareça morto, lembre-se que você serve ao Deus vivo.

VICTÓRIA BUSKE é uma mulher de múltiplos talentos, casada e cristã. Terapeuta de casais, escritora, teóloga, com formação em psicologia. Atende casais e famílias desde 2016. Nascida no interior do sul do Brasil, Victória traz consigo a essência acolhedora da sua terra natal. Sua sede por conhecimento a levou a viajar por diversos países, explorando diversas culturas e formas de vida. Seus valores fundamentais são liberdade e autodomínio, que a inspiram a buscar crescimento pessoal e proporcionar uma abordagem objetiva e orientadora em sua carreira. Como escritora, compartilha conhecimentos e perspectivas únicas, refletindo sua paixão por história, antropóloga e psicologia.

Victória é uma figura inspiradora, cujo propósito é contribuir para o crescimento daqueles com quem cruza, deixando um impacto positivo e duradouro na vida de muitas famílias.

Publique seu livro:

Conheça os livros da Editora Ases da Literatura em
www.asesdaliteratura.com